Felix Bürkle

Angeschossene Eichhörnchen

Gedichte

Bibliografische Information
der Deutschen Nationalbibliothek:

Die Deutsche Nationalbibliothek verzeichnet diese
Publikation in der Deutschen Nationalbibliografie;
detaillierte bibliografische Daten sind im Internet
über dnb.dnb.de abrufbar.

© 2019 Felix Bertram Werner Bürkle
Gestaltung: Sarah Gersema
Autorenfoto: Frank Sternthal
Herstellung und Verlag:
BoD – Books on Demand, Norderstedt

ISBN: 9783749485444

Vorwort

Ein Vorwort muss in jedes Buch,
doch was soll ich nur schreiben
zu Hinz und Kunz? Es ist ein Fluch,
ich lass es lieber bleiben.

Gedichte, frei in der Form

Angeschossene Eichhörnchen

Jeder hat in seinem Leben,
mag er es auch zu nicht geben,
Schmuddelfilme schon gesehen,
die wie nun beschrieben gehen:

Eine blonde Frau sitzt chillig,
stark geschminkt auf ihrem Bette,
lächelt leicht gezwungen willig
mit der Linse um die Wette.

Streichelt langsam ihre Strümpfe,
fährt sich sanft über die Brust,
zeigt der Reihe nach die Trümpfe,
die bereiten sollen Lust.

Als es an der Türe schellt,
taucht wer ein in diese Welt.
Für die maskuline Note
sorgt ab jetzt der Pizzabote.

Selbstverständlich tritt er ein,
lässt die Pizza Pizza sein.
Nun folgt meist ein schneller Schnitt.
Plötzlich sieht man einen Schritt.

Kahl rasiert und glänzend glatt,
von dem Puder etwas matt,
übriglassend keinen Stoppel
legt nun langsam los das Doppel.

Wer den Ton nicht ausgeschaltet
hat, wird nun sehr deutlich hören,
wie er seines Amtes waltet.
Pizza würde nun nur stören.

Warum müssen junge Milfen
immer nur so grässlich gilfen,
auch, und das macht keinen Sinn,
wenn der Typ ist gar nicht drin?

Nun, sie ist wohl taub da unten,
sehr beansprucht von den Lunten
mancher Herren, die im Leben
durften ihr »Entspannung« geben.

Dann wird wieder wild geschnitten
und der Mann lässt sich nicht bitten.
Stellt sich rückwärts an die Wand,
legt ihr auf den Kopf die Hand.

Bravo, sie ist endlich leise,
doch der Mann hat eine Meise.
Drückt das Ding nun immer tiefer,
renkt ihr gleich wohl aus den Kiefer.

Statt die Sache zu beenden,
trägt er sie darauf auf Händen
langsam Richtung Küchenzeile.
Komm, ich spule eine Weile.

In den letzten Filmminuten
leckt sie fröhlich sich die Fluten
weiß und trüb von ihrer Wange,
braucht dafür auch ziemlich lange.

Endlich die ersehnte Wende:
Scheinbar ist der Film zu Ende.
Nur paar fehlerhafte Zeilen
helfen nun sich abzugeilen.

Dass sie alle achtzehn waren,
die dort haben mitgespielt,
steht nun da in rosa-klaren
Lettern, schnörkelig verspielt.

Eines hat mich sehr geschockt,
jedoch nicht die Gewalt.
Dieser Typ hat es verbockt:
Die Pizza wurde kalt.

Wagen hält

Um dem Fahrer anzuzeigen,
dass man wünscht nun auszusteigen
muss man Halteknöpfe drücken
oder laut die Zunge zücken.

Eine LED-Anzeige
spielt darauf die erste Geige.
Sagt ganz stolz der ganzen Welt,
rot geschrieben »Wagen hält«.

Oft schon dachte ich im Spaß:
Wagen hält – na, aber was?
Sicher sein wird man wohl nie.
Das weckt manche Fantasie.

Wagen hält, was er verspricht.
Dass nur nicht die Achse bricht.
Keine Scheiben laut zersplittern
und die Passagiere zittern.

Wagen hält sich lieber raus
aus Gesprächen oder Staus.
Still und brummend dreht er Runden,
jeden Tag für viele Stunden.

Wagen hält auch mal kurz inne,
horcht gespannt auf seine Sinne.
Reizt der Reifen, steht die Stange?
Diese Ruhe währt nicht lange.

Wagen hält ganz sicher dicht,
Anvertrautes sagt er nicht.
Auch bei Regen bleibt er trocken,
wo die lieben Gäste hocken.

Wagen hält an um die Hand
jeder Frau im Führerstand.
Mit dem Lenkrad in den Händen
sollte keine Fahrt je enden.

Wagen hält es kaum noch aus,
will auch einfach mal nach Haus.
Eine Runde noch, dann schon
heißt es für ihn: Endstation.

Scham

Manchmal glaubt man selber nicht,
was man hat getan.
Geht mit sich stark ins Gericht,
hasst den eignen Wahn.
Ob die Werte schlicht verraten,
die man an sich selbst gestellt
oder das Vertrauen strafen,
das dir schenkt die ganze Welt.
Manche Dinge wären lieber
niemals je geschehen.
Ohne sie jedoch das Fieber
führt zum Untergehen.

Nachtgedanken einer Herzchirurgin

Jeder abends denkt im Bette,
was der nächste Tag ihm bringt.
Auch wenn es, ja, jede Wette,
morgen Abend nichtig klingt.

Ob des Schülers schwer Klausur,
ob der Tochter Mutter stur,
ob der Putzfrau langer Flur:
Alles klingt nur nach Tortur.

Doch was mögen Leute denken,
die den Tod noch einmal henken,
keine Fehler machen dürfen
und in weißen Schlappen schlürfen?

Sind nicht das die wenig Menschen,
die zu Recht könnten beklagen,
dass sich ihnen dreht der Magen,
weil sie nachts Gedanken plagen?

Wie sie täglich das vollbringen,
woran jeder sie stets misst?
Davon könnte wohl nur singen,
wer in ihrem Kreise ist.

Fetisch-Fantasien

Sitze ich in Bus und Bahn,
stressig war der ganze Tag,
denk ich dran in meinem Wahn,
was wohl wer im Bette mag?

Jeder hat doch seine Dinge,
die bereiten einem Lust.
Um den Hals die Lederschlinge?
Wäscheklammern an der Brust?

Nun noch sitzen alle Leute
brav hier einsam im Abteil.
Doch welch gar frivole Beute
macht sie heute Nacht noch geil?

Ist es der tief eingeführte
Dildo von der Frauenhand
in des Mannes Hintertüre,
der ihn bringt um den Verstand?

Oder doch die Stiefelette,
die der Mann dem andern Mann
im missbrauchten Ehebette
mit Gestöhn veredeln kann?

Ist die Peitsche es aus Leder,
schnell geschwungen von der Frau,
die im Stadtteil fürchtet jeder,
weil sie schlägt die Bälle blau?

Sind es die lackierten Zehen,
die ein gierig Mund umschließt
und an denen dann im Gehen
später Sperma runterfließt?

Endlos sind die Fantasien,
bunt ist diese schöne Welt.
Hat man erst sich selbst verziehen,
dass es einem sehr gefällt.

Zahnpastatubendeckelrand

Ob am Abend oder Morgen,
wenn ich mir die Zähne putze
mache ich mir immer Sorgen
über den gemachten Schmutze.

Mal in Weiß und mal in Farbe,
ganz egal welches Gewand,
reißt sie auf so manche Narbe,
bringt mich gar um den Verstand.

Ist der Deckel von der Tube
breit mit Zahnpasta verschmiert,
dann vergess ich meine Stube,
werde hässlich kleinkariert.

Denn bei jedem Öffnen, Schließen
wird das Ganze immer schlimmer.
Noch bevor die Creme am Sprießen
hängt dir überall der Schimmer.

Hoch genervt und hundemüde
klag dem Spiegel ich das Leid.
Was erscheinen mag sehr rüde,
zaubert mir ein Lächeln breit.

Doch die Tube einfach putzen,
dass es morgen nicht passiert?
Ja, da muss ich selber stutzen,
das hab ich nicht ausprobiert.

Der Opernabend

Auf dem Weg zum Opernabend
schlendert er an den Gestalten,
sich an deren Sein erlabend,
schnell vorbei zu seinen Alten.

Denn die Checker, Chicks und Poser,
deren Handys lautstark heulen,
liegen leider auf den Wegen
zu den alten Marmorsäulen.

Ihren Gangster-Rap im Ohre,
jaulend von der Ami-Göre,
läuft er hoch zu der Empore,
freut sich auf die Verdi-Chöre.

Während drinnen die Eliten
sich an ihrer Kunst erfreuen,
vor der Oper sitzen diese,
die im Leben nichts bereuen.

In der Pause vom Balkone
auf den Pöbel das Parkett
blickt mit arrogantem Hohne,
streichelt sich die Taschen fett.

Neigt der Abend sich dem Ende,
räumen sich die Stufen gleich.
Dann marschieren Menschenwände
vor der Oper um den Teich.

Schon wie vor der Ouvertüre
hört er draußen Ghetto-Klänge,
während drinnen die Walküre
wohl noch gerne weiter sänge.

Angewidert von den Schwaden,
süßlich dringend an ihn her,
wird in Selbstmitleid er baden,
denn sein Bett bleibt heute leer.

Zusammenziehen

Wer an lauen Sommertagen
gerne durch die Straßen sieht,
kennt die großen Pärchen-Plagen:
Einer jammert, einer zieht.

Lustig ist der Anblick immer,
wenn der Hintermann gar böse
und mit schon sehr blassem Schimmer
dackelt hinter seiner Möse.

Ebenso die Frauen schleichen
ihren Gatten hinterher,
während sie, den Greisen gleichend,
wollen laufen gar nicht mehr.

Manchen schrägen Dialogen
lauscht man unbeteiligt dann.
Selten glätten sich die Wogen,
meist verliert der starke Mann.

Beim Versuch zu widersprechen,
zieht man(n) oft das kurze Los.
Statt dann wieder aufzubrechen,
legt die Frau erst richtig los.

Schreit dann unter dem Gejaule
aller Leut am Wegesrand
aus dem schön geschminkten Maule,
was dem Glück im Wege stand.

Selten hat ein solch Betragen
einen Herren überzeugt,
aber an den Folgetagen
hat so mancher sich beäugt.

Um die Frau nicht zu verlieren,
kommen sie dann meist zum Schluss,
dass man, ihr zu imponieren,
schuldig sich bekennen muss.

Voller Reue und Verlangen,
selten aber mit Verstand,
küssen sie ihr dann die Wangen,
halten an um ihre Hand.

Der Einwegrasierer

Eigentlich nur ausgedacht
einmalig zum Gebrauch.
Unter eines Schwaben Macht
ein zweites Male auch.

Ist die Klinge von den Haaren
seines Bartes schon sehr stumpf,
denk er wieder nur ans Sparen
und rasiert noch seinen Rumpf.

Dass dabei kaum Haare weichen,
weil die Schärfe hat gelitten?
»Noch bis morgen muss er reichen«,
plappert das Gesicht zerschnitten.

Der Lack ist ab

Viele Frauen tragen gerne
Lack auf ihre Nägel auf,
sehen ihn auch aus der Ferne
bei dem Drogerieeinkauf.

Ganze Wände aus Regalen,
eines Regenbogens gleich,
stellen sie vor harte Wahlen,
spielen ihnen einen Streich.

Was die einen nennen »grün«,
ist für sie nur blanker Hohn.
Denn so manches schön Kostüm
fordert den speziellen Ton.

Hell und dunkel, glänzend, matt,
Glitzersteine drin versenkt,
manche Frau ist niemals satt,
wenn sie an die Vielfalt denkt.

Doch wird wirklich jede Flasche
aufgebraucht und gut genutzt?
Oder passend sich zur Tasche
einmal jährlich aufgeputzt?

Manche Sammlung lässt erahnen,
dass womöglich ganz allein
die Verkäufer nur absahnen
und die Frauen fallen rein.

Viele geben selber zu,
dass mancher Kauf war mehr Konsum.
Ihre Sammlung wächst im Nu.
Es ist der Stolz auf Eigentum.

Der Sack-Spion

Wann der Müll wird abgeholt,
steht im Müllkalender.
Wer ihn nicht hat abgeholt,
checkt die Straßenränder.

Stehen abends dort in Reihen
Säcke gelb und voll gemacht,
dann, das müsst ihr mir verzeihen,
ist die Neugier schnell entfacht.

Was man sieht in diesen Tüten,
immer wieder überrascht,
treibt die sonderbarsten Blüten,
man erfährt, was jeder nascht.

In der Bude der Studenten
Tütensuppen sind beliebt,
die oft auf der Straße enden,
weil der Sack dort falschrum liegt.

Auch die Rentnerin darüber
kocht schon lange nicht mehr frisch.
Was die Tafel schiebt hinüber,
kommt dort täglich auf den Tisch.

Bei den Jungs aus Nummer sieben,
Lebensmotto »plastikfrei«,
die das Hahnenwasser sieben,
kommt der Müllmann gern vorbei.

Der Familienclan Paloni
schüttet nachts hinter der Hecke
abgenagte Rest-Meloni
dem Herrn Schulze in die Säcke.

Vielbeschäftigt ist die Müller,
Single dazu obendrein.
Unter Nachbarn nun der Knüller:
Ihr Massagestäbchen klein.

Enkel Emil spielt bezaubernd
süß mit Omas Puppen.
Bis ich sah sie neulich schaudernd
in dem Sack am Schuppen.

Lange sind vorbei die Zeiten,
als der gelbe Sack noch war
eine Disco für die breite
Joghurtbecherdeckelschar.

Wechselgeld-Held

Wenn ich etwas muss bezahlen,
tu das gerne ich in bar,
zücke dann die bunten, schmalen
Scheine aus der Wunderbar.

Welche dieser schönen Noten
in die Kasse dann gelangt,
richtet sich nach den Geboten,
die man dann von mir verlangt.

Kleine Summen groß zu zahlen,
liegt mir fern und tut mir weh,
weil ich Menschen stets in kahlen
Notenfächern wühlen seh.

Voller Mitleid und Bedauern
checke ich meist vor dem Kauf,
ob die passend Scheine lauern,
suche sonst die Bank noch auf.

Eine diese vielen Sachen,
die zermürben meinen Kopf.
Sollte ich wohl lieber lachen
oder hängen an dem Tropf?

Die Tafelrunde

Am Brunnen vor dem Hause,
da gab es nichts zu sehen.
Doch drinnen stieg die Sause,
man ließ es gut sich gehen.

Mit braun verschmiertem Munde
dort saß ein Dutzend Ritter.
Inmitten dieser Runde:
die neue Edel-Bitter.

Weil Schokolade Sorgen
im Keime kann ersticken,
man traf sich jeden Morgen
zum Tafel-Tafel-Knicken.

Ob schon bekannte Sorte,
ob neue Kreationen:
an diesem heilig Orte
man durfte sich belohnen.

Den Tod schon vor den Toren
zu sehen ließ sie grübeln.
So fraßen diese Toren
das braune Gold aus Kübeln.

Als sechzehn Jahr verstrichen,
der Sensenmann kam rein,
die Ritter schon verblichen
und unberührt der Wein.

Er füllte alle Krüge
und stieß mit ihnen an.
»Oh, wenn ich euch schon rüge,
dann tanzt in meinen Bann«.

Worte

Der Worte war ich stets gewandt,
die Taten folgten nicht.
Und während mancher Freuden fand,
ich schrieb nur ein Gedicht.

Um die Dinge festzuhalten,
die zermürben Hirn und Herz,
denen manche Tränen galten
unterdrückt April bis März.

Doch nach jeder letzten Zeile,
war auch alles wie zuvor,
grinste ich meist eine Weile,
nahm mir gleich die nächste vor.

Keinen Bock

Auf dieser Welt da gibt es ja
so viele tolle Frauen.
Nur eine schafft es immer,
mir die Laune zu versauen.
Da hilft kein hübsches Grinsen
und erst recht kein kurzer Rock.
Denn seh ich dich im Stundenplan,
dann hab ich keinen Bock.

Vor dem Gewitter

Kurz bevor des Donners Schläge
laut erfüllen jeden Raum,
winden sich die Blätter träge
leise säuselnd an dem Baum.

Wie als ob sie alles ahnen,
was die nächste Stunde bringt,
wenn der Sturm zieht seine Bahnen
und der Wind ein Liedchen singt.

Denn dann werden manche Blätter
ungefragt auf Reise gehen
und bei diesem schlimmen Wetter
neue, schöne Dinge sehen.

Weit getragen von den Winden,
ob nach Westen oder Osten,
werden sie die Heimat finden,
wird es auch den Abschied kosten.

Andere, dahin geflogen,
wo die jenen kamen her,
sind dorthin nun umgezogen,
missen ihre Heimat sehr.

Auch wir Menschen werden immer
von dem Leben durchgeweht.
Haben oft gar keinen Schimmer
nur wohin die Reise geht.

Der Tod der Taschentücher

Taschentücher liegen ewig
in der Packung unbenutzt,
stimmen uns dann aber selig,
wenn mal etwas ist verschmutzt.

Nehmen dann manch feuchtes Leiden
schnell und sicher in sich auf.
Dass wir sie danach nur meiden,
nimmt ein jeder still in Kauf.

Doch wie haben sich die Tücher
wohl ihr Ende vorgestellt?
Leider gibt es keine Bücher,
die beschreiben ihre Welt.

Kelly Klecksi wollte immer
auf dem Jahrmarkt sein zu Haus
und den Kinderschminkeglimmer
waschen aus der Brille raus.

Leider fiel der kleinen Lara
ihr Getränk mal aus der Hand,
landete im Zelt »Sahara«
warm und klebrig an der Wand.

Toni Tango träumte lange
Schweiß von einer Stirn zu wischen,
wenn dem Träger wurde bange
bei dem Tanze auf den Tischen.

Doch die Businessdame Lena
mochte Datteln nicht so sehr,
spuckte kurz vor Pasadena
sich diese Speiseröhre leer.

Ronja Rotza war bescheiden,
wollte immer klassisch leben
und die Nasen schnell bekleiden,
die beim Niesen stark erbeben.

Ja, das Glück war ihr gegeben,
denn ihr Ende hatte Stil.
Nico hasste dieses Kleben,
hinterließ die Welt steril.

Wie das Ende eines Lebens
mag erscheinen, weiß man nicht.
Jede Hoffnung ist vergebens,
hat der Zufall doch Gewicht.

Die Partypizza-Pleite

Partypizzen lieben Feiern,
laut und lang bis in die Nacht,
wenn die letzten Gäste reihern
und so mancher Kinder macht.

Sterben zu dem Klang der Bässe
ist für sie das höchste Gut,
in der Magenschleimhaut Nässe
wird ertränkt die Lebensglut.

Viele der genüsslich Pizzen
landen aber niemals dort,
kommen ängstlich dann ins Schwitzen
an des Teufels Lieblingsort.

Workshops oder Seminare,
schlecht gemacht, hasst jedermann.
Sind sie fachlich nicht das Wahre,
kurbeln sie den Hunger an.

Um den herzlichen Kollegen
dieses Leiden schnell zu nehmen,
startet hektisches Belegen,
dass sie sich dann gut benehmen.

Wer bei diesem wilden Treiben
denkt noch an der Pizzen Wille,
deren Träume Träume bleiben
und die leiden nun in Stille?

Fröhlich wollten sie verlassen
diese Erde so geliebt.
Nun es bleibt das ewig Hassen,
weil es ständig Workshops gibt.

Die Weinflasche

Lange hast du treu gelegen
tief im Keller lichtgeschützt.
Nun ich steh vor neuen Wegen
und kein Flehen dir mehr nützt.

Schnell geöffnet, rasch gekostet
habe ich vom roten Glück,
das in dir, leicht eingerostet,
mir nun hilft ein kleines Stück.

Einsam wieder ist der Abend,
wie so viele schon bisher,
weil ich mich, am Leid erlabend,
freue heute nimmer mehr.

Langsam mir die Frau entgleitet,
die zwei Jahre war mein Ast
und mich hat gar treu begleitet,
bot dem einsam Herzen Rast.

Dass das Treiben mag vergehen,
war dem Denker zwar bewusst.
Doch allein nun dazustehen,
schürt im zweiten Herzen Frust.

Hat es doch mit falschem Trösten
all die Zeit nur überdeckt,
was nach dem Gefühle-Rösten
sonst für Schrott im ersten steckt.

Doch so ist der Lauf der Dinge,
was da war, das bleibet dort.
Wenn ich angetrunken singe,
gehst du leider trotzdem fort.

Zu Schuberts Klängen

Dass der Franz auch Sinfonien
hat geschrieben, weiß der Kenner.
Und wer nicht, dem sei verziehen,
taten es doch viele Männer.

Mozart hat sie rausgehauen
und der Bruckner leider auch.
Antons sind nicht zu verdauen,
Wolfgangs freuen manchen Bauch.

Ludwig, dieser taube Trottel,
ließ in ihnen Leute singen,
statt nur Hölzer Axolotl
dort wie Violinen klingen.

»Freude schöner Götterfunken«,
jeder kennt die Melodie.
Damals manchem hat's gestunken,
heute nennt man ihn Genie.

Heinrich Schütz, dem teutschen Meister,
ist im Grabe das wohl schnuppe,
denn er sucht, welch Scheibenkleister,
Gottes Haare in der Suppe.

Walther von der Vogelweide,
noch entspannter mag wohl sein,
denn er drang unter der Heide
tief in seine Heide ein.

Helden hatten alle Zeiten,
Meister für den Totentanz.
Doch ich muss euch unterbreiten:
Niemals dachte ich an Franz.

Flatrate-Verzweiflung

Zu leeren das Schlaraffenland,
ist keinem je gelungen.
Wer alles hat in seiner Hand,
zur Auswahl wird gezwungen.

Wer heute Filme schauen will,
der kann sie einfach streamen.
Sich morgens, mittags, abends still
in fremde Welten beamen.

Doch was zunächst so einfach klingt,
setzt Schweres mit voraus.
Durchs große Angebot bedingt
man sucht oft ewig aus.

Viele Titel, viele Bilder
ziehen mich in ihren Bann.
Buhlen stetig immer wilder
um den unentspannten Mann.

Letztlich führt dies meist dazu,
dass ich nach zig Minuten
weit entfernt von jeder Ruh
verbrenne in den Fluten.

Schaue, was ich eh schon kenne,
sicher nicht das letzte Mal.
Wenn dabei ich halber penne,
ist das alles auch egal.

Der Fragebogen

Es war einmal ein Bogen,
der hatte nie gelogen.
Gehörte einem Geiger
und ging ihm auf den Zeiger.
Denn wenn man ihn was fragte,
er stets die Wahrheit sagte.
Ganz kalt und unverblümt –
das machte ihn berühmt.
Doch mit dem Bogen streichen,
war niemals zu erreichen.
Er stellte krummen Kragen
mit Freude dumme Fragen
zu ihrem letzten Essen,
den Namen der Mätressen.
Der Wolfgang Amadè
deshalb nur sprach »ade«
und warf das hohle Holz
in einen Bach mit Stolz.

Geknickt

Ich fühle mich wie ein Papier
so unbeschrieben leer.
Noch alles möglich ist mit mir,
der Anfang aber schwer.

Ob Opus oder Opferlamm,
ich weiß nicht, was ich bin.
Und was ich werde, wenn ich stramm,
belastet meinen Sinn.

Die Seiten aufzufüllen,
wird Prüfung täglich sein.
Sie vorher zu zerknüllen?
Verlockend wie der Wein.

Aus der Gruft

Die Schwüle des scheidenden Tages
liegt stickig und warm in der Luft.
Ich nehme die Blätter und wag es
zu steigen aus meiniger Gruft.

Wo sonnige Stunden begraben
und jegliche Freud aufgebahrt,
woher meine Beine stets traben,
das Lächeln bei Nacht wird bewahrt.

Die modrigen Düfte bekleiden
trotz Waschen am Tage mein Haupt.
Erinnern mich stets an das Leiden,
was nachts alle Sinne mir raubt.

Gar manches französische Wasser
mag täuschen den schnuppernden Tor
und macht so den Leidenden nasser,
als er bereits war schon zuvor.

Die Wolke, sehr schwer zu durchschauen,
versperrt mir manch sorglosen Blick.
Versuche, mir selbst zu vertrauen,
verhallten als Schlag ins Genick.

Drum steige am heutigen Abend
wie gestern bereits ich hinunter.
Mich selbst an dem Leiden erlabend,
es stimmt mich anscheinend ja munter.

Hände, so klein

Hände, so klein.
Wasser wie Wein.
Laute, die klingen wie Lauten.

Augen, so dunkel.
Helles Gefunkel.
Lippen, die stumm sich vertrauten.

Arme, so warm.
Arbeit im Darm.
Himmlische Speisen bereiten.

Stunden, so schützend.
Akte, uns nützend.
Echte Gefühle bestreiten.

Hugo mit Victor

Paris, halb acht, der Alkohol
floss leicht, doch nicht in Massen.
Die Leute fühlten sich sehr wohl
und saßen auf Terrassen.

Darunter auch ein Männerpaar,
so unauffällig leise,
dass es schon sehr verdächtig war
auf irgendeine Weise.

Der eine blond und elegant
wie in den Katalogen.
Der andere, ihm zugewandt,
gezeichnet von den Drogen.

Laut Ärzten schon dem Tod geweiht,
genoss der alte Junge
mit einem herzlich Lächeln breit
das Prickeln auf der Zunge.

Der Blonde saß mit Wasserglas
derweil ihm gegenüber
und dachte an das ganze Gras
sowie die falschen Brüder.

Dass konnte kommen es so weit,
ist ihm nicht zuzuschreiben,
versuchte er doch all die Zeit
dem Freund es auszutreiben.

Doch auch ein Rat, sehr gut gemeint,
kann oft nicht überzeugen.
In langer Freundschaft schon vereint
man muss sich können beugen.

Der Weg eines Durstigen

Trocken war es lang im Munde,
als er lief zum Wasserhahn,
durstig schon seit mancher Stunde,
doch vertieft im Arbeitswahn.

Seine Umwelt fast vergessend
spitzte er bereits die Lippen,
um, von trockner Kehl besessen,
an dem dünnen Strahl zu nippen.

Kurz bevor dem nassen Kuss,
den er sehnte so herbei,
machte er dann plötzlich Schluss,
holte sich ein Glas herbei.

Hielt es in des Strahles Bahn,
trauernd um den eignen Plan,
hob es hoch und setzte an,
nuckelnd wie ein junger Mann.

Die Fliegenklatsche

Mit der guten Fliegenklatsche
macht man Fliegen schnell zu Matsche.
Wird in schlafraubender Not
Herrscher über ihren Tod.
Doch ist es nicht sehr vermessen,
ihre Liebsten zu vergessen,
denen man vielleicht das nimmt,
was sie immer glücklich stimmt?
Das bei Nacht sehr laute Brummen
stört den Menschen stets beim Schlafen
und er zahlt für Klatschen Summen,
um die Viecher zu bestrafen.
Was so göttlich klingt, das wollte
Gott wohl sicher nie.
Doch aus Nöten töten?
Na, wen denn, wenn nicht sie?

Was ich will

Ich will so viel,
doch was ich will?
Ich weiß es nicht.
Ich will dich,
nur ohne uns.
Ich will nicht mehr,
hab nie genug.
Ich will, was ich möchte
und wünsche mir,
was ich nicht brauche.
Ich will willenlos sein
und bin doch voll Verlangen.
Ich will wissen,
was ich will.

Sie wünschen?

Wenn die meisten auswärts essen,
wählen sie bewusst,
was zu kochen würde stressen,
doch macht ihnen Lust.

Auch zum Trinken werden immer
Tropfen dann gewählt,
die man in dem heimschen Zimmer
nicht zum Eigen zählt.

Neues wollen kennenlernen
sie an neuem Ort.
Was sie dann bekommen werden,
steht jedoch in andern Sternen.

Ich stattdessen wähle Dinge,
die mir sind bekannt.
Sich zu ziehen aus der Schlinge
mir noch niemals stand.

Groß ist stets die Angst zu kriegen,
was man nicht gewollt.
Sich es in der Gabel wiegend
meine Zunge rollt.

Drum aß ich schon viele Schnitzel,
trank ein Wasser gleich dazu.
Cranberry-Orangenschorle
mag ich nur mit Kirsch-Ragù.

Eiskalt erwischt

Im Freibad bei sonnigem Wetter
ein jeder isst gerne ein Eis.
Das macht über Wochen zwar fetter,
doch wer will schon sterben als Greis?

Zu kaufen das kühlende Kleben
erfordert heut meist einen Schein.
Der fröhlichen Schritte Erbeben
lädt leider die Bienen auch ein.

Denn kaum hat man wieder betreten
das feuchte und saftige Gras,
dann kommen sie ganz ungebeten,
verderben dem Lecker den Spaß.

Mit wildem Gefuchtel und Schreien,
versucht man dem Stress zu entschwinden.
Doch bis man sich kann dann befreien,
das Eis ist meist nicht mehr zu finden.

Gefrustet vom Tanz auf der Wiese,
geflohen zurück auf die Liege,
verfolgt einen weiter die Fiese,
es wächst der Verdacht der Intrige.

Und statt wieder fröhlich zu baden,
man kratzt sich und flucht irritiert,
betrachtet die schwellenden Waden,
die wurden sehr dreist penetriert.

Wassermelonen

Die Wassermelonen erfrischen
im Sommer die Hitzegeplagten
und landen zu Hauf auf den Tischen
auch derer, die nicht danach fragten.

Zu kaufen die köstliche Kugel,
erfordert das fachliche Ohr.
So mancher im Supermarkt-Trubel
nimmt klopfend Melonen sich vor.

Mal sanft mit den Spitzen der Finger,
mal grob mit der Fläche der Hand
bestaunen sie durstig die Dinger
im großen und grünen Gewand.

Als säße in ihnen ein Wesen,
das spräche von der Qualität.
Für tratschende Trottel am Tresen
die Hilfe wohl käme zu spät.

Sie wühlen und fühlen mit Wonne,
befassen sich mit jedem Stück
und jedes Gramm der ganzen Tonne
sie legen mit Skepsis zurück.

Am Ende sie greifen oft selig
doch sauer und zufällig zu.
Ist ihre Melone dann mehlig,
war Klopfen wohl doch nicht der Clou.

Rasensprenger

Die knallenden Böller aus China
sind vielen nur lästig und laut.
Erfreuen jedoch manchen Chilla,
der sonst sich im Leben nichts traut.

Kaum sind diese Dinger zu kaufen,
die Abende werden gestört.
Wenn halbstarken Helden beim Laufen
für Stunden die Straße gehört.

Im Takt von meist dreißig Sekunden,
da raucht es, wo immer sie gehen.
Wo gestern man hat was gefunden,
wird morgen vielleicht nichts mehr stehen.

Auf manchen Quadratmeter Rasen
man könnte vielleicht noch verzichten.
Doch wird dir der Arsch weggeblasen,
gefällt das den witzigen Wichten.

Sie schreien und schreiten und schrotten,
was liegt auf den ihrigen Wegen,
denn bei ihrem trotzigen Trotten
scheint keine Zeit zu überlegen.

Was mag einen Menschen nur reiten,
das Eigentum Fremder zu schänden?
Das fragen sich oft die Gescheiten
beim wilden Bewässern von Wänden.

Das leere Blatt

Die Angst vor einem leeren Blatt
kennt jeder Schreiber gut.
Doch ist des Schreibens er nicht satt,
sie steigert auch den Mut.

Zu schaffen, was im Kopf schon klar
und in den Fingern vage.
Was heute Morgen noch nicht war,
kommt abends dann zu Tage.

Den Anfang einmal hinter sich,
man schreibt meist voller Eifer.
Am Ende folgt jedoch ein Stich:
Die Finger werden steifer.

Der Gipfel, fast erklommen,
lässt viele dann erstarren
und still der Dinge harren,
die noch nicht mögen kommen.

Warum die letzten Schritte
uns meist so grausam quälen?
Es fehlen oft die Tritte,
das Ende wohl zu wählen.

Wie auch immer, ist die letzte
Zeile dann geschrieben,
kann man das, was einen hetzte
endlich wieder lieben.

Kummerspeck

Dass Essen manchen Frust verdrängt,
ist Fluch und auch ein Segen,
wenn man am Schoko-Löffel hängt
und will sich nicht bewegen.

Sinnlos schaufelnd, gierig schluckend
von der Lust besessen,
sich vor den Problemen duckend
diese weg zu fressen.

Für die kurze Zeit mag nützen
dieser dumme Brauch,
trocknet aus die Tränen-Pfützen
und versüßt den Rauch.

Doch auf Dauer ist das Schlecken
nur aus Frust ein Leiden.
Alles in sich reinzustecken,
sollte man vermeiden.

Sinnloses Träumen

Beim sinnlosen Träumen
die Chancen versäumen,
wird führen dich nur auf den Weg.

Das stetige Schaffen,
sich täglich aufraffen
im Wasser wird werden der Steg.

Zur Linken und Rechten
man kann von ihm hechten,
die endlosen Weiten im Blick.

Doch manche Gerade,
so scheint sie auch fade,
zu gehen, ja, das ist der Trick.

Zahnstein-Zaster

Von Zahnstein stark betroffen sein,
das findet keiner klasse.
Und schaut der Doc dann einmal rein,
nur jährlich zahlt die Kasse.

Wer früher kommt und wieder will,
beim zweiten Mal muss blechen,
dann halten auf dem Stuhle still
und halten aus das Stechen.

An Gesundheit Geld zu sparen,
sollte jeder können lassen.
Leider scheitert es an raren
Scheinen in der Leute Kassen.

Abgezählt

Kurz vor Mitternacht zu speisen
wollen, führt mich meist auf Reisen.
Dorthin, wo das M erblüht
und der Grill bis morgens glüht.

Auf dem Parkplatz keine Seele,
Autos nur von Mitarbeitern,
überlege, was ich wähle,
um das Bäuchlein zu erweitern.

Drinnen dann der Duft von Liebe,
Frittenfett und warmem Schweiß.
Brutzelnd wackeln hier die Siebe,
tief im Herzen wird es heiß.

Schnellen Schrittes, Scheine zückend
schreite ich sogleich zum Tresen,
merke, fast vor Scham mich bückend:
Ich bin oft schon hier gewesen.

An der Kasse strahlend, lächelnd
steht die immer selbe Frau
und im Hintergrund laut hechelnd,
ja, den kenne ich genau.

»Guten Abend«, sagt sie leise.
»Guten Morgen«, rutscht mir raus.
Noch ein kurzer Blick im Kreise:
Ich bin fast allein im Haus.

Routiniert und wohl im Wissen,
nun den Regenwald zu schänden,
pfeife ich auf das Gewissen,
hab das Geld schon in den Händen.

Abgezählt die Münzen, Scheine
wandern in die hohle Hand
dieser Frau, die ich beim Weine
drücken würde an die Wand.

Das Tablett nun balancierend
danke ich und gehe fort,
einen Platz schon anvisierend
hier an diesem einsam Ort.

Am Zug im Zug

Direkt sich gegenüber saß
ein Pärchen in der Bahn
und hatte bei dem Spiele Spaß,
er still und sie im Wahn.

So alt und aktuell zugleich
ist Schach in jedem Land.
Vom Schüler bis zum schweren Scheich
geführt wird manche Hand.

Nicht farbenfroh ist dieses Spiel,
doch bunt all jene Wege,
die führen dich zu deinem Ziel
und oft in ein Gehege.

Geschehen zwischen Besenfeld
und Bauernbach am Rhein.
Dort packte eine Frau von Welt
die Schachfiguren ein.

Von der lieben Frau geschlagen
litt der arme Mann,
der mit einem knurrend Magen
war doch so dicht dran.

Schläge von der großen Liebe
fand er zwar ganz nett,
diese wohl dosierten Hiebe
an dem Fensterbrett.

Draußen aber gab er tapfer,
wie von ihm verlangt,
den humorvoll Hopfen-Zapfer.
Um den Ruf er bangt.

Dass der Frau dies zu gefallen
schien, war keine Frage.
Und so checkte mit den Krallen
heimlich sie die Lage.

Ihre Blasen schnell zu leeren
plötzlich war der beiden Traum.
Sie verschwanden in dem Raum.
Kann man ihnen es verwehren?

Die Vesperdose

In meiner Vesperdose,
da liegt Salami lose.
Denn hat das Brot dort zu viel Platz,
war das Belegen für die Katz.
Die Butter klebt an allen Seiten,
ist gespickt mit Kleinigkeiten.
Und will man jetzt genüsslich speisen,
wird man vor Ärger fast ergreisen.
Man muss erneut zusammenklappen,
die Wurst zwischen die Hälften pappen.
Verdatscht und klebrig wird der Mist,
wenn alles dann in Butter ist.

Der Salzstreuer

Knusprig und mit Lieb gebacken,
sonntagmorgens auf dem Teller,
füllt sie immer viele Backen
und lässt Herzen schlagen schneller.

Von der Brezel ist die Sprache,
wandernd durch den hungrig Hals,
feucht von einer Kaffee-Lache
und mit einem Kleid aus Salz.

Eben dieses ist es leider,
das mir raubt die Lust an ihr.
Stehend zwar auf schöne Kleider,
halte ich es nur für Zier.

Und so popel von den Dingern
ich meist schnell das weiße Gold.
Klebt es mir dann an den Fingern,
hab ich das wohl so gewollt.

Ode an Brahms

Brahms, du Jüngling schön und zart,
hast noch nicht mal einen Bart.
Schon hast du durch Schumann Robert
Titelseiten schnell erobert.

Komponierend rumgeeiert,
Symphonien stets verschleiert,
sollst du nun Messias sein?
Gell, da fällt dir nichts mehr ein?

Dein Lächeln

Selten blitzt es auf und wenn,
dann wirkt es oft gestellt.
Doch seit ich dich näher kenn,
das schönste auf der Welt.
Es zu lesen liegt mir nicht,
lässt ratlos mich zurück.
Schreiben nur dieses Gedicht,
die Zeilen Stück für Stück.
Gerne forderte dein Smile
mit derbem Spruch ich raus.
Lange gingen wir zwei steil,
nun ist's plötzlich aus.
Gleich denkst du dir sicher still
dir treu ein »Ok, wow«.
Was ich dir gerne sagen will?
Das weiß ich nicht genau.

Die Dirne

Seit gar vielen Jahren schon
bietet sie dem Mann
für sehr kleinen Hungerlohn
ihre Dienste an.

Damals auf der Party war
es ein großer Spaß.
Heute bringt er Gelder zwar,
Freude nur mit Maß.

Wenn er durch die Türe schreitet,
blickt sie gierig an,
sich schon seine Hose weitet,
weiß sie: Ich bin dran.

Wie die Rolle es von ihr
nun einmal verlangt.
Zweisamkeit ohne eine Wir.
Um das Geld sie bangt.

Denn in seinen Augen spiegelt
sich nur ihre Haut.
Ist ihr Schicksal schon besiegelt
durch ihn, der sie haut?

Irgendwann, so denkt sie sich,
ist sie nicht mehr genug.
Dann steht sie am Straßenstrich
und wirft sich vor den Zug.

Denn was brachten all die Jahre
mit dem Geld genau?
Fragt der Mann sich an der Bahre,
weinend um die Ehefrau.

Die Vene von Athene

Ich sah in jener Szene
die Vene von Athene.
So hatte diese Gottgestalt
mit einem Mal mich in Gewalt.

Wer mochte wohl der Maler sein?
Es war ein Italienerlein.
Wie üblich überragend,
doch meine Freude plagend.

Des noblen Körpers Blässe
trieb höflich mir die Nässe
in meine stillen Augen.
Was konnte Liebe taugen?

Ich übersah im Hintergrund
vor lauter Pein den Tempel, rund,
von Säulen schwer durchzogen.
Sie glätteten die Wogen.

Stollen*

Der Fußballer auf seinem Feld,
er hat sie an den Schuhen.
An Weihnachten sie gerne in
der Leute Mägen ruhen.
Der Musiker nicht zögert lang,
wenn er der Formen kund
und denkt gleich an den Abgesang,
der macht die Stollen rund.

*Stollen und Abgesang sind Begriffe
aus der musikalischen Formenlehre

Ein Viertel Donut

Es lief nicht wirklich rund für ihn,
er wurde dreist geteilt in vier
so kleine Stücke, dass es schien,
als wollte er ein kühles Bier.

Diese Schande zu begreifen,
die man hat ihm angetan,
als sie nach dem Messerschleifen
schnitten ihn umringt vom Wahn.

Richtig ausgeliefert sein,
das fand er fast schon wieder geil,
doch nur bei einem Gläschen Wein
er ging bei sowas steil.

Der Donut schenkte vielen Lust,
es waren vier, genau gezählt.
Wer lebt nur noch von tiefem Frust,
hat dieses Leid oft selbst gewählt.

Klingen-König

Gedacht nur zum Rasieren
im Glanz der Augenringe,
nutzt mancher eine Klinge,
um sich nicht zu verlieren.

Denn Schmerzen, die beweisen,
dass du am Leben bist,
wenn du es mal vergisst.
Beim Kreisen an den Gleisen.

Narben Narben zuzufügen,
lässt sie nicht verschwinden.
Sich zu überwinden?
Alles leise Lügen.

Sie erkannten sich

Es stand ein Theologe klein
am Bahnsteig Richtung Opernplatz.
Er wollte nicht alleine sein
und fuhr deshalb zu seinem Schatz.

Die Bahnfahrt nutzte er, na klar,
zum Lesen in der Bibel.
Denn auch in Sachen Liebe war
der Schinken seine Fibel.

Endlich angekommen sprang
die Frau gleich auf ihn zu.
Zögerte dann gar nicht lang
und sprach »Ja, bist das du?«

»Ja, ich bin es«, sprach der Mann,
als durch ihr Haar er strich.
Später nahm sie ihn dann ran.
Sie erkannten sich.

Die kauend Kauernden

Irgendwo beim Trash der Tauben,
hingekackt ins letzte Eck,
sitzen die, mag man es glauben,
Chicks und Chiller oft im Dreck.

Sounds der Straße auf den Ohren,
Beatz und Brüste – Dauerschleife.
Was sie haben dort verloren?
Sicher wohl nicht ihre Reife.

Denn verlieren kann man immer
nur, was man besessen hat.
Dieser Fall erweist sich schlimmer,
ist er doch Klischee so platt.

Kaugummi in jedem Munde,
protzig Pullen in den Händen.
Sie erinnern mich an Hunde,
die den Weg nach Haus gern fänden.

Doch beim Gassigehen kamen
sie wohl mal abhanden.
Heute streuen sie die Samen.
Wo sie morgen landen?

Groschenromanze

Kleine Hefte, kleine Preise,
sicher nicht Literatur.
Doch geschrieben auf die Weise,
um zu sein die Alltagskur.

Anders wär nicht zu verstehen
mit welch sichtbarem Genuss
sie im Sitzen oder Gehen
konnte lesen diesen Stuss.

Nur von Weitem observierte
ich die junge Frau bisher.
Nun die heimlich Anvisierte
kam ein Stückchen zu mir her.

Aber nicht mein einsam Wesen,
sondern neben mir die Bank
ist ihr klares Ziel gewesen.
Leider und auch Gott sei Dank.

Wenn ich flirte, klinge ich
wie ihr gelesen Schund.
Das sie wohl auch dachte sich
und küsste meinen Mund.

Nicht gelesen

In den Neunzigern geboren
fiel genau ich in die Zeit,
als man über beide Ohren
steckte in den Büchern breit,

die verfilmt sobald die Jugend
brachten auf den rechten Pfad.
Mitzuschwimmen doch als Tugend
fand ich auch schon damals fad.

So begab ich mich bis heute
auf die Suche nach dem Ring
nicht und fand die meine Beute,
aber nicht das runde Ding.

Auch die Zauberschule magisch,
zu erreichen per Express,
war nie wirklich mir sympathisch.
Dicke Bücher? Was ein Stress.

Superheldenuniversen,
bunt und brachial zugleich,
führten oft zu Kontroversen,
machten die Erfinder reich.

Jahre später, Mitte zwanzig,
blicke ich zurück.
Älter worden und auch ranzig –
schäme mich ein Stück.

Dass ein jeder lesen darf,
was immer ihm gefällt,
sollten Leser fordern scharf
in der realen Welt.

Nur, wenn scheinbar alle einen
Schinken schon genossen,
frag ich mich, warum dem Kleinen
er nicht ist gesprossen?

Tabak und Tabellen

Sie weiß zu jeder Zeit genau,
was ihre Kunden brauchen.
In Pausen lässt die starke Frau
die Schwäche zu beim Rauchen.

Die Zahlen stets im Hinterkopf,
trägt sie oft eben dort
die Haare schön gemacht zum Zopf
und wechselt manches Wort.

Dass jenes Lächeln längst verschwand,
was zierte ihre Wangen,
das liegt für viele auf der Hand,
die auch noch nicht gegangen.

Es liegt so etwas in der Luft,
zu fassen nur sehr vage,
als zähle sie in ihrer Gruft
gar täglich ihre Tage.

Die Zeit, die bleibt. Der Frust, der nimmt
nach jeder Woche zu.
Das Leid, das quält. Was wirklich zählt?
Es lässt ihr keine Ruh.

So steckt sie alle Energie
mit Liebe ins Projekt.
Doch tief in ihrer Fantasie
hat sie schon ausgecheckt.

Rechtzeitig rausziehen

Die Mieten auf dem schönen Land,
sie sinken schon seit Jahren.
Was für ein Grund an deiner Hand
die Jugend dort zu wahren.

Wo morgens man den Abend lobt
und ungeschützt der Sturm noch tobt,
Kälber kläffen kratzig Klänge,
die man gerne weiter sänge.

Wo der Bus die Kinder klein
im Winter lässt erfrieren,
die, getränkt mit warmem Wein,
des Wartens sich nicht zieren.

Wo die alte Wagenhalle
der lokalen Feuerwehr
dir bei jedem tiefen Falle
seelisch auch die Rettung wär.

Wo wir Metropolen-Träumer,
Morgenmesse-stets-Versäumer
und auch Schnee-niemals-Wegräumer
fallen stets aus dem Klischee.

Raum X

In Tübingen, da steht ein Haus,
das man »die Burse« nennt.
Studierende dort kommen raus,
manch einer sogar rennt.

Woran das jeweils liegen mag,
das variiert von Tag zu Tag.
Woran es aber lag bei mir,
erzähle ich nun heute hier.

Wer vor dem großen Hause steht,
die linke Treppe nimmt
und innen sich zur Rechten dreht,
der sieht ihn gleich bestimmt:

Den großen Raum, sehr gern genutzt
für Seminare gut besucht.
Doch jeder drinnen ist verdutzt,
weil er den Namen so verflucht.

Auf dem Türschild steht »Raum X«.
Wie man's ausspricht? Dazu nix.
Dies lädt den zum Grübeln ein,
der versteht was von Latein.

Ist mit X hier nun die Zahl
bekannt uns als die Zehn gemeint
oder fiel die Namenswahl
auf den Letter schwer gereimt?

Viele zähe, stille Stunden
wollten nicht zu Ende gehn.
Hab es nicht herausgefunden:
Heißt es Raum X oder X?

Salve Retina

In dem dunklen Mittelalter,
für die Wissenschaft doch hell,
ging der alte Pastor Walter
seinen Toten unters Fell.

Von der Neugier stets besessen
zu erforschen Innereien,
schnitt er auf sie nach dem Essen,
um vor Schreck hinein zu speien.

Markus, Medicus von Metzen,
fand das Schauspiel echt zum Kotzen,
blieben ihm doch nur die Fetzen,
welche dann vor Hopfen strotzten.

Eines Tages nur das Köpfchen
einer Leiche blieb noch trocken
und er nahm es mit aufs Töpfchen,
schnitt es auf ganz unerschrocken.

Walter blieb das nicht verborgen,
war er doch ein kluger Kopf
und so schlich am nächsten Morgen
er sich heimlich zu dem Topf.

Markus war schon wach gewesen,
hatte eifrig nachgelesen,
was zu forschen blieb noch über,
welche Chance war schon vorüber.

Einzig und allein die Augen
konnten für den Fortschritt taugen
und mit schneller, scharfer Klinge
nahm sich jeder an der Dinge.

Walter war der erste Finder,
doch der Schädel nun ein Blinder.
So die Netzhaut war entdeckt,
von der Schöpfung schlecht versteckt.

Dunkle Vorzeichen

Es war einmal ein jung Kopist,
von dem war jeder angepisst,
denn bei den Noten, schwarz verfasst,
der Farbton hat niemals gepasst.

Schon tausendmal deshalb ermahnt,
hat er doch weiter abgesahnt.
Für jede Seite gut entlohnt
er machte weiter wie gewohnt.

Doch eines Tages dann der Schock:
Der Federkiel auf seinem Bock
zerbrochen war und schwarz bemalt –
man hatte es ihm heimgezahlt.

Auch das, auf was er sonst schnell schrieb
ganz nass in seiner Tinte trieb.
Die Arbeit von manch langer Stund.
Offen stand dem Mann der Mund.

Am See sitzen

Bier zu schleppen ist der Sport,
welcher zaubert Pfunde fort.
Jeden Sommer, kistenweise
durch die Kelleraufgangsschneise.
Ob zum Fußballfest, olé,
oder einem Tag am See.
Wo auch immer, stets ein Tropfen
gut gekühlt aus Malz und Hopfen.
Die Verantwortung zu tragen
hatte eines Tages Hagen
und er lief bei jedem Schritte
immer in der Stufen Mitte.
Leider war dies für die Katz,
denn nach hinten einen Satz
machte dann der Mann, ohje.
Seht es so: Er saß am See.

Herbstprinzessinnen

Mit Verlaub gesagt, das Laub
im Herbst liegt überall.
Wenn der Sommer stellt sich taub
über Stadt und Stall.

Dann, wenn man die Blätterhaufen
links und rechts oft sieht beim Laufen,
schlägt die Stunde kleiner Kinder
oder großer Office-Rinder.

Wer auch nun sich überwindet
und die großen Sprünge wagt,
kann mit bunten Blättern tanzen,
Zecken, Läusen und auch Wanzen.

Letztere, vom Datenschutz
sicher dort geglaubt im Schmutz,
hören heute das Gewimmer
abends dumpf im Kinderzimmer.

Die Verlegerin

Ich schreite durch die Tür
und höre schon ihr Fluchen.
Sie ist wieder am Suchen.
Ich liebe sie dafür.

Es gibt wohl nichts auf dieser Welt,
was sie noch nicht mal hat verlegt,
doch irgendwann in Händen hält
nach mancher Stunde aufgeregt.

Vom Ohrring bis zum Schlüsselbund,
stets hofft sie auf den großen Fund,
der irgendwo hier drinnen weilt,
vor allem, wenn es einmal eilt.

Ich hab so ein Gespür:
Wir zwei, das ist für immer,
denn sie wird immer schlimmer.
Ich liebe sie dafür.

Mandelmilch

Man kann es sich ausmalen,
dass heute Kannibalen
um nicht zu dehydrieren
sich Mandelmilch pürieren.

Die Mandeln in den Rachen still
und ahnungslos verweilen,
bis wieder einer trinken will
von diesen köstlich geilen.

So kam es, dass Hals über Kopf
im Stadtpark eine junge Frau
gezogen wurde wild am Zopf
und fest gedrückt ins nasse Tau.

Des Kannibalen schneller Blick
erhaschte keine Zeugen,
als er mit schon geübtem Trick
sich konnte nun erzeugen,

was ihn so schön am Leben hielt,
so schwer, weil er nicht gerne stiehlt.
Es ist ihm selbst zuwider.
Er tat es immer wieder.

Hasenkadaver

Den Kadaver eines Hasen
sah ich einmal beim Spazieren
neben einer Kuh beim Grasen.
Ließ mich von ihm faszinieren.

Welches Schicksal diesem Kleinen
damals widerfahren ist?
Kurz gesagt: Es war nur Mist,
der der Kuh floss an den Beinen

schnell herab und ihm ins Maul.
Das erfreute einen Gaul,
der dort lief und schaute doof.
Morgen mach ich ihr den Hof.

Inselbegabt auf dem Festland

Er baut auf seiner Insel
die Burgen gern aus Sand.
Doch schwingt er einen Pinsel
seit Jahren schon an Land.

Denn auf dem Eiland pleite sein,
das trieb ihn einst weit fort.
Nun pinselt er das Geld sich rein
an diesem schrecklich Ort.

Viele Formen, bunte Farben,
alles macht ihn nur verrückt,
fügt ihm zu am Tag die Narben.
Nur bei Nacht ist er verzückt.

In dem kleinen Kämmerlein,
das er teilt sich nur mit Wein,
lässt er ruhen den Verstand
und baut Burgen groß aus Sand.

Säckeweise hochgetragen,
ausgebreitet auf Parkett.
Dieses kindische Betragen
findet kein Vermieter nett.

Und so kam es, dass im Sande
sitzend er empfing den Brief,
der ihn an des Wahnsinns Rande
brachte und betrübte tief.

Keiner mochte seine Bauten,
dort auf diesem festen Land.
Nichts mehr lag in seiner Hand
und die Tage schnell ergrauten.

Also packte er in Not
eine Schaufel nur ins Boot,
segelte nach Haus zurück.
Und da war es wieder: Glück.

Schubladen denken

In ihnen steckt, was man versteckt,
damit es keiner findet
und sich nach diesem Fund verdreckt
zum Sprechen überwindet.

Denn ist der Mensch nach außen hin
ein wirklich braves Wesen,
so schärft er seinen frechen Sinn
nicht immer nur durch Lesen.

Vom Nachttisch bis zum Kleiderschrank
sind Dinge oft verborgen,
die man sich heute, Gott sei Dank,
auch online kann besorgen.

Ich habe etwas Mitleid nur
mit diesen Möbelstücken,
die sich für jene Alltagskur
mit ihrer Fläche bücken.

Sie fragen sich wohl immer oft,
warum man sie dafür missbraucht,
dass keiner plötzlich unverhofft
zu dem versteckten Schatze taucht.

Doch trotzdem wurde Möbeln
dies Schicksal oft zuteil.
Was für den einen geil,
den anderen lässt pöbeln.

Wenn also dann das nächste Mal
geliefert wird ein groß Paket,
auf dem zum Inhalt gar nichts steht,
dann denkt an deren Qual.

Knoblauchküsse

Schleichend auf den kleinen Zehen
peilt sie ihre Küche an
und entzückt mit diesem Gehen
hinter ihr den jungen Mann.

Von dem Hunger groß getrieben,
von dem Lieben erstmal satt,
wird der Knoblauch kleingerieben.
Er ist von den Zehen platt.

Sie beim Kochen involvieren
schützt nicht nur vor den Vampiren,
sondern führt zu einer Fahne.
Im Büro nicht erste Sahne.

Doch was soll die Eitelkeit,
wenn man mal in Zweisamkeit
und mit einem Lächeln breit
müffelnd einen Tisch entweiht?

Sich die Zähne gut zu putzen,
ist danach meist eh von Nutzen.
Riecht der Rachen weiter strenger,
hält die Freude umso länger.

Die Königin der Nacht

Der Mond ist aufgegangen,
in ihren Betten bangen
die Angestellten stumm.
Doch eine Hundedame,
die macht für sich Reklame
und bellt sehr laut und froh herum.

Das stört die Hundemüden,
die Lauten und nicht Prüden
versüßend sich den Schlaf.
Und ich, ich bin seit Stunden
am Lecken meiner Wunden
wie ein geschoren, schwarzes Schaf.

Gut geblasen, Gundula

Oma Gundula lebt nur
für die Glasmanufaktur.
Ob für Blumen eine Vase,
zum Verstauben nur ein Hase:
Alles ist von Hand gemacht
und mit Liebe groß bedacht.
In Vitrinen schön drapiert,
bunt bemalt und reich verziert
wartet jedes Einzelstück
auf das lang ersehnte Glück.
Ostern oder Heiligabend,
wenn man, sich ans Kochen wagend,
füllt die gläsern Suppenschüssel
und betrachtet stumm die Rüssel
dieser kleinen Elefanten,
in die Sammler sich verrannten.
Was die Oma uns auch brachte,
jeder sagte ihr, na klar,
während man ganz herzlich lachte:
»Gut geblasen, Gundula«.

Im Sommer

Im Sommer wird das Kissen
schnell warm auf jener Seite,
wo man in aller Breite
den Alltag möchte missen.

Von links nach rechts, nach unten, oben –
jede Lage ist zum Toben.
Doch es hilft nichts, routiniert
wird das Viereck schnell rotiert.

Lange ist das Glück gewogen
dem, der lieget dort wohl nicht.
Fenster auf und ausgezogen,
schweißgetränkt, rot das Gesicht.

Wach, sich wälzend, weinend, wimmernd
wird der Wecker anvisiert
und die Lage, sich verschlimmernd,
panisch tot analysiert.

Erst wenn eines Vogels Singen
und die Uhr im Chor erklingen,
käme fast ein Schlaf zustande.
Er verläuft sich dann im Sande.

Mitgenommen

Der Abend rum,
ich war nicht breit,
die Straßen stumm,
mein Weg nicht weit.
Und doch nahm ich, ganz ohne Not,
mit Zögern an dein Angebot.
Wolltest mich nach Hause fahren.
Als wir dann im Auto waren,
wusste ich, das währt nicht lang.
War bezaubert von dem Klang
deiner Stimme, die ich selten
hörte, denn die Lebenswelten
lagen hier und lagen dort.
Als wir fuhren fort
durch kaum gefüllte Straßen,
da hielten sich in Maßen
Gedanken kühl und klar.
Als ich zu Hause war,
an dem Tore rausgeschmissen
plagte mich schon das Gewissen.

Ausmisten

Die Kleidung auszumisten
in Säcken und auch Kisten
versuchte eine Frau.
Sie nahm es ganz genau.

Denn was der Schwiegermutter nett
noch könnte sehr gefallen,
das warf sie achtlos auf das Bett
mit ihren scharfen Krallen.

Ob Blusen oder Hosen,
mit Mustern oder Streifen
und aufgenähten Rosen:
Sie konnte nicht begreifen,

was sie sich nur dabei gedacht
mal hat in geistig dunkler Nacht,
zu kaufen diese Teile.
Es war wohl Langeweile.

Seit Jahren hing manch Stück im Schrank,
getragen nur sehr selten.
In Schwiegermutters Welten
erhoffte sie sich großen Dank.

Zum Weihnachtsfest war es soweit,
da brachte sie, old Santa gleich,
die Säcke, von der Kleidung breit,
in dieses Drachen Höllenreich.

Des ganzen Jahres größte Hast
die Frau seit Kindheit hat gehasst,
doch dieser Tag am Tannenbaum
war schlimmer als der schlimmste Traum.

Nachdem der Drache lang verschwand
und plötzlich wieder vor ihr stand
mit einem großen Sack,
da dachte sie sich: Fuck.

»Die Hose ist mir viel zu weit,
das Oberteil am Bauch sehr breit«,
sprach Schwiegermutter laut.
Ihr Abend war versaut.

Kuschelbedarf der Zebrastreifen

Streifen eines Zebrastreifens
streiften meinen Geist beim Wege
aus dem Lohn-und-Brot-Gehege.
Waren müde nicht des Kneifens

Stunden später, als zum Schlafen
legen wollte sich mein Wesen.
Und in der Gedanken Hafen
ist ab dann viel los gewesen.

Denn die weißen Weisen wissen
wohl, dass nebenan
mancher Streifen sein Vermissen
kaum verbergen kann.

Nahe sind die weißen Streifen
sich und können doch nicht greifen
gegenseitig sich, denn Teer
steht dort wie ein schwarzes Heer.

Trennt die leidend Liebenden,
die das Dunkel mieden, denn
groß war ihre Angst zu scheitern
und den Graben zu verbreitern.

Wer sich schmachtet an im Wissen,
dass zu dem Zusammenfinden
keiner kann sich überwinden,
wird einander stets vermissen.

Zusammen brechen

Im Szeneclub Divola
Helene und Viola
entleerten erst die Gläser
und rauchten dann noch Gräser.

Den Alltag zu betäuben,
die Seele zu bestäuben,
das war der Damen Wille
in dieser lauten Stille.

Die Drinks wild balancierend
und Herren anvisierend
sie schwangen ihre Hüften,
um deren Hirn zu lüften.

Mit achtlichem Erfolge,
denn alsbald ein Gefolge
aus bärtig T-Shirt-Trägern
begann sie nett zu ärgern.

Die Frauen, wohl im Wissen
die Hoffenden zu dissen,
erwiderten das nicht.
Verzogen das Gesicht.

Denn plötzlich ihre Mägen
rotierten wie die Wägen
gemietet von den Trollen,
die liegend tanzen wollen.

Auf hohen Hacken hastend
begaben sie sich fort.
Sich auf dem Klo entlastend
sie sprachen nicht ein Wort.

Haare halten, Händchen halten
und die kleine Clutch verwalten,
sich über die Schüssel bücken
und ein Selfie unterdrücken.

Während draußen alles stöckelt,
drinnen die Foundation bröckelt.
Um den ganzen Wimpernkranz
gab es einen Farbentanz.

Schon beim Speien, ungelogen,
wurden Lippen nachgezogen.
Doch die Stimmung war verbittert
und der Nagellack zersplittert.

Dornen einer welkend Rose
rissen die Ersatzstrumpfhose
auf, das ganze Blut im Schritt
kriegten sie eh nicht mehr mit.

Mit dem Spülen hinterher
kam die eine nur sehr schwer,
während ihre Freundin leise
schickte Galle auf die Reise.

Dieses Schauspiel blieb verborgen
nicht den Herren, die sich Sorgen
machend hatten her begeben,
um die Haare ihr zu heben.

Einer bückte sich hinunter,
machte schnell ein Foto munter,
um ihr Leiden einzufrieren,
als sie kroch auf allen Vieren.

Leider oder Gott sei Dank
goss sie einen ganzen Tank
von dem warmen Magensaft
über ihn mit voller Kraft.

Stinkend und stinksauer fluchend
lief er, schnell den Ausgang suchend,
seinen Kumpels in die Arme
und verteilte all die warme

Soße schadenfroh auf ihnen,
was den jungen Frauen dienen
konnte zweifellos zum Spaß.
So biss jeder in sein Gras.

Hinter Fenstern

Ich würde ja so gerne
durch all die Fenster sehen,
die in nicht großer Ferne
erleuchtet vor mir stehen.

Beim Laufen durch die Gassen
der großen Metropole
hab ich auf leiser Sohle
die Angst, sie zu verpassen.

Denn nicht das hektisch Treiben
da draußen ist mein Wille.
Es ist die täuschend Stille
derer, die drinnen bleiben.

So frage ich mich täglich,
was hinter all den Scheiben,
ob köstlich oder kläglich,
mag mir verborgen bleiben.

Sitzt dort ein Mann ganz einsam
und wäre gern gemeinsam
mit einem Freunde dort,
zu wechseln manches Wort?

Speist da eine Familie
und spart an Petersilie
für das Genießen nicht,
bis dann das Baby bricht?

Plant dort eine Frau Meier
nicht ihre Hochzeitsfeier,
sondern mit dem Herrn Jung
seine Beerdigung?

Durchsucht eine Studierende,
vor Husten fast Krepierende
das Internet nach Quellen,
der Wahrheit sich zu stellen?

Erlebt ein altes Elternpaar,
das immer sehr beschäftigt war,
Erotik nochmal neu
und bleibt sich dabei treu?

Verprügelt eine Fratze
mit Freude eine Katze
und wirft sie bald mit Wonne
zur Zeitung in die Tonne?

Liegt dort ein Mann mit Psalter
und einem Büstenhalter,
die Verse zu zitieren,
um sich nicht zu verlieren?

Erschafft ein Kind mit Stiften,
weil seine Eltern kifften,
sich dort die heile Welt,
die es am Leben hält?

Verzweifelt eine Mutter
am dritten Päckchen Butter,
das ihr die Kasse leert
und vieles so erschwert?

Ich werde nie erfahren
von all diesen Gefahren,
Gelüsten und Gefühlen.
So mahlen manche Mühlen.

Und wenn ich schon nicht helfen kann,
dann bin ich halt der junge Mann,
der hinter Fenstern schreibt.
Ob das verborgen bleibt?

Verwaschene Erinnerungen

Dass Duschen überfordern kann
den aufgeweckten Geist,
das zeigt sich, wenn er schläfrig dann
im warmen Nass ergreist.

Es scheint doch wirklich einfach
sich Shampoo abzuspülen.
Ich mache das oft zweifach,
gefangen in Gefühlen.

Denn oft schon stand ich nackig dort,
so einsam wie ein Stricher,
und war mir nicht mehr sicher,
ob ich gewaschen hab was fort.

Am Grunde der Kabine
der Schaum war längst verschwunden,
als ich mich überwunden
dann hab mit roter Miene

zu schauen, ob zu finden
dort ist noch ein Indiz.
Ich muss wohl ins Hospiz,
denn müde sind die Rinden.

Auch schnuppernd mich rantastend
der Vorgang war belastend.
Lavendel, Kokosnuss und Schweiß,
es glühten die Synapsen heiß

und weckten so Gedanken,
die wirkten nur wie Schranken
auf meinem Weg zum Wissen.
War innerlich zerrissen.

Blickend auf die tickende
Uhr, die Stricke strickende,
schloss ich schnell den Munde
für die zweite Runde.

Oft so ist es schon passiert,
es nimmt mir stets den Glauben.
Und die Gedanken rauben
Shampoo, sonst sehr wohl dosiert.

Angebrochen

Nicht nur der Wein, nein,
die Nacht ist angebrochen.
Wie kann das sein? Klein
komm ich da angekrochen.

Das Licht bricht nicht mein Herz,
aber sich im Rot,
das in Not
fließt abwärts.

In der Öffentlichkeit,
Tropfen ablehnend,
geht es soweit.
Mich danach sehnend.

Nur stille Stunden,
wenn mal gefunden,
werden zu Krach.
Machen mich schwach.

Ich bin nicht zerstört,
nur etwas verstört
und sehr unerhört.
Hab ich gehört.

Vorhangschiene

Du hängst da oben leise
und nicht in jenem Kreise,
der weiter unten weilt.

Ich muss nun an dich denken,
die Blicke auf dich lenken
und fühle mich geheilt.

Nur kurz war die Blockade,
der Duft von Schokolade
dringt süßlich an mein Ohr.

Es kann ihn zwar nicht riechen,
so wie manch alte Griechen
versunken tief im Moor.

Doch wirkt er auch betörend,
wenn er von mir, nicht hörend,
verschwommen wahrgenommen.
Ich habe dich erklommen.

Rubbellose

Den Herrn pries zum Danke
der Herr von der Tanke,
denn dutzende Lose
und auch eine Rose
vermehrten die Scheine
der Kasse, welch reine
und reichliche Freude
im Kraftstoff-Gebäude.

Zuhause angekommen
der Käufer trennte gierig
die Kärtchen, schon benommen
vom großen Glück so schwierig.

Doch nicht allein der höchste Preis,
auch kleinere Gewinne,
die machten ihn besonders heiß
und schärften seine Sinne.

So nahm er seinen Stapel Glück,
zum Rubbeln noch vom Holz ein Stück
und legte eifrig los
zu spielen jedes Los.

Das erste, einfach aufgebaut,
erforderte die Sieben
zum Siegen – leider schon versaut.
Hat sie nicht freigerieben.

Selbst das fünfte Los der Art
für ihn war eine Niete.
Mit seiner Hand am Zittern zart
er tauschte das Gebiete.

Der nächste farbenfrohe Schein
schien wohl nicht leichter zwar zu sein,
doch weckte schnell die Gier,
die machte ihn zum Tier.

Zu finden waren drei der gleichen
Zeichen, die da optisch reichen
von dem Hufeisen zum Hasen
und sein Herz begann zu rasen.

Zehn von dieser bunten Sorte
rieb er und manch hartes Worte
drang aus seinem Mund.
Wieder mal kein Fund.

Seine Frau, ihn scharf beäugend
und das Scheitern frech bezeugend
übernahm das Kratzen.
Zu dem Spaß der Katzen.

Nun ein Geldsack war zu finden
und zum Rubbeln überwinden
musste sie sich nicht.
Rot war ihr Gesicht.

Schon beim ersten Spielversuche
schlug ihr ein Gewinn zu Buche,
der den Rubbelmann von Welt
kläglich in den Schatten stellt.

Zwanzig Euro, keine Rente,
doch bei Losen wie die Ente,
die zu Zeiten eines Krieges
zubereitet dank des Sieges.

Ob nun Zufall oder Glück:
Ohne Königin kein Stück
dem König wär gelungen.
Sie rubbelten umschlungen.

Beschäftigt

Die schiebende Rolle zu tragen
beim Rollen des Kindes im Wagen
ist dauerhaft wohl kein Vergnügen.
Erst recht beim Besteigen von Zügen.

Den technischen Fortschritt im Nacken
die Babys zwar weiter wild kacken,
erhalten an Aufmerksamkeiten
jedoch nicht genügend beizeiten.

Das Smartphone als treuer Begleiter
von Eltern und Kind gleichermaßen,
dient zunehmend oft zum Bespaßen
des Schiebers. Wer tippt, der kommt weiter.

Ein Kind soll kein Grund sein die Freuden
des Tatschens für immer zu meiden,
doch einfachste Spielchen vergeuden
die wertvollen Stunden von beiden.

So tönt es aus Wägen wild wimmernd
gar öfter, sich ständig verschlimmernd.
Die Augen des Schiebenden weilen
dabei auf den Hashtags der geilen

und geistreichen Pics, hochgeladen
von geistlosen, gierigen Maden,
die zeigen statt Würde nur Waden.
Die Kinder dann tragen den Schaden.

Am grässlichsten wird das Geschehen,
wenn kein halbes Jahr nach den Wehen
die Kleinen wie Große schon Wischen,
weil Eltern es ihnen auftischen.

Es ist, zugegeben, verlockend,
wenn Kinder in Socken wild zockend,
im Schneidersitz sitzend verstummen
anstatt ohne Ende zu brummen.

Das große Verlangen nach Stille
ist nur eines Elternteils Wille.
Beschäftigte Kinder sind leise.
Führt sie die gebotene Reise

jedoch nur zu Ruhe statt Wissen,
dann wird man den Lerneffekt missen.
Seid ihr mit dem rohen Glück fein,
zieht bitte die Kinder nicht rein.

Plastikwürfel

Gepresst zu sehr praktischen Kuben
verweilen die Flaschen aus Plastik
fernab von der Kunst der Scholastik
in tiefen und trostlosen Gruben.

Woher sie die Reise wohl führte
an diesen verdorbenen Ort?
Welch lobende Ehre gebührte
den achtlos Gepferchten weit fort?

Ihr Ende erscheint in der Gleichheit,
in Masse und ganz anonym.
Doch gibt es wohl kein Synonym
für ihre persönliche Weisheit.

So bleibt dem Betrachter verborgen,
dass eine der Flaschen die Sorgen
des einsamen Schluckers ertränkte,
der in ihr den Alkohol schwenkte.

Dass Marathonläufer krepierten,
weil sie vor dem Trinken sich zierten
und dann ungeöffnet die Flasche
vergammelte tief in der Tasche.

Wie Schwangere angestrengt pustend,
erfüllt von den Schmerzen laut hustend
mit kräftigem Druck in den Händen
verteilten das Wasser auf Wänden.

Zu hören, dass an der Kontrolle
am Airport man Flaschen nicht wolle,
das sorgte bei keinem für Wonne.
Man füllte dort Tonne für Tonne.

Auch Fußballarenen verzichten,
um Sicherheit groß zu gewichten,
auf Flaschen, die sonst zu Geschossen
dann werden für arme Genossen.

Dem reisenden Rentner erweisen
die Flaschen beim fröhlich Verspeisen
von leckeren Äpfeln und Stullen
den Dienst sehr viel besser als Pullen.

Woher sie die Reise auch führte:
Am Ende sang ihnen die Presse
laut krachend die Requiem-Messe,
die nur den Bediener berührte.

Neue Bahnen

Ihr Buch sehr locker in der Hand
saß sie ganz still beim Führerstand.
Der letzte Vierer war ihr Platz
zu lesen täglich manchen Satz.

Vom Wälzer bis zum Tablet-Traum:
Mit Stille füllte sie den Raum,
der sonst so lästig trist und laut
bei Sonnenschein den Tag ergraut.

Ich sah sie jeden Morgen dort,
ging zwei Stationen vor mir fort.
Sie musste wohl Studentin sein
und trug stets Sneaker, war allein.

Was sie doch in den Händen trug,
erschien mir spannend oft genug,
um sie mit schulderfülltem Blick
zu lesen. Brach mir das Genick.

Sie war für mich so wie ein Buch.
Ein Cover, hübsch, geheimnisvoll.
Der Inhalt: Segen oder Fluch?
Die Stimmung drin: Dur oder Moll?

Die Ansage zum nächsten Halt
entriss mich den Gedanken kalt.
Es war ihr steter Ausstiegsort
und sie las weiter. Wort für Wort.

Als sich die Türen aufgetan
lang hatten und sie, wohl im Wahn,
fuhr fort zu lesen konzentriert,
da ist es ihr dann schon passiert.

Das Piepen der sich schließend Tür
erreichte nicht ihr fein Gespür
und auch des Rollens Ruckelei
zerstörte nicht die Träumerei.

Sie saß nur da. Gefesselt gar.
In ihrer Welt war sie der Star.
In meiner auch, ganz ungeahnt.
Es hatte sich so angebahnt.

Wir fuhren in die Endstation,
als sie die Folgen der Aktion
zum ersten Mal erkannte. Auf
sprang sie und setzte Ihren Lauf

ganz ungehindert fort. Mit Buch.
Sie war für mich ein schwarzes Tuch,
das farbenfroh im Strom verschwand,
ihr Buch noch immer in der Hand.

Arbeitsgruppe Pfefferminz

Im Altersheim »Zur Oder«
bei süßlichem Gemoder
man spielte gerne Karten,
denn all das lange Warten

auf Tochter, Enkel, Bruder
erzittern ließ den Puder
verteilt auf fahlen Wangen,
die müde runter hangen.

Ein Kuchen, frisch gebacken
von Edeltraut Schmitz-Müller
erfüllte alle Backen.
War mittwochs stets der Knüller.

Man könnte nun noch meinen,
dass zu dem Schmaus Kaffee
verteilt wurde. Verneinen
muss ich, denn es gab Tee.

Seit Friedelbert verstorben
an seinem Leiden war,
da wurde allen klar:
Die Lust ist nun verdorben.

Und ist zuvor, sehr heiß gebrüht,
Kaffee der Trunk gewesen,
den tranken diese Wesen:
Der Tod des Herren so verfrüht

veränderte die Runde.
Die traurig-frohe Kunde,
dass Tee nun wird geordert,
hat manchen überfordert.

Es traf eine Studierende,
das Essen still servierende,
die zwischen den Semestern
gern half den alten Schwestern.

Ja, auch ihre Kollegen,
die schauten sehr verlegen,
als sie den Wunsch vernahmen,
der bildete den Rahmen

für all die nächsten Jahre.
Man trug so manche Bahre
zum Altenheim hinaus.
Doch die ersehnte Ware
ging niemals wieder aus.

Wilder einer Ausstellung

Von den Gutbetuchten suchen
viele oft Museen auf,
die wohl innerlich zwar fluchen,
zähmen aber ihren Lauf.

Massentauglich nun geworden
schwärmen die Touristenhorden,
die für gute Fotos morden,
durch die Gänge alter Orden,

um die Flyer dann zu horten,
die sie dort an allen Orten
finden, vollgedruckt mit Worten.
Gierig sind die Kunst-Konsorten.

Warum London?

Ein Krimiautor sucht den Ort
zu setzen die Geschichte fort.
In alter Themsen-Treue
schwingt doch sofort die Reue.

Der Abbey klaren Glocken
Geheimnisse entlocken
mag atmosphärisch sein.
Doch kreativ ganz klein.

Auch Fahrten mit den Taxen,
Geräusche grell beim Faxen
gehören wohl dazu
und liefern manchen Clou.

Nun hat der Autor dieses Spiel
wohl wahrlich nicht erfunden,
doch lässt der gut gelernte Stil
so manche Story munden.

Da liest sich der Erpresserbrief,
aus Schnippseln komponiert,
in einer großen Spannung tief
erstaunlich raffiniert.

Die Lady mit dem großen Hut,
sie sprüht vor Selbstbewusstsein, Mut,
und landet doch im Wasser.
Geköpft vom Taubenhasser.

Doch was soll das Gemecker:
Schon manchen Doppeldecker
gefüllt mit solch Geschichten
ich durfte schon vernichten.

Die Augen der Dose

Schüchtern schauend hängen die Steck-
dosen schäbig an der Wand,
nüchtern wartend schon auf den Schreck
einer unvorsichtig Hand.

Doch in meinen Fantasien
von des Lebens Ironien
wollen mich auslaugen
ihre starren Augen.

Denn die beiden schwarzen Löcher
waren in des Wahnsinns Köcher
wohl das Tor zu Welten.
Den ganz unverstellten.

Was im kleinen Kämmerlein
eines jeden so geschieht,
wenn er aus dem Alltag flieht,
macht man zarte Lämmer rein

in der Kunst der Wollust fein.
Von dem stets gepflegten Schein
sieht man gar nichts mehr.
Weich wird alle Wehr.

Zeugen sind die Dosen,
die famose Hosen
fallen sahen leise
auf des Abends Reise.

Auch ein fahles Dämmerlicht
schützt dann vor den Blicken nicht,
welche wach und wachend,
keinen Mucks mehr machend,

durch den Raume gieren,
in dem sich verlierend
viele Menschen freuen.
Oder nur bereuen.

Asphalt-Äpfel

Um die Wege freizuhalten,
reiten manche Staatsgewalten
heute noch auf Pferden
durch die Menschenherden.

Keine Waffe dieser Welt
sie in einen Schatten stellt.
Ausgewachsen, aufgetürmt.
Mancher ist dann schnell getürmt.

Majestätisch, trügend friedlich
wirken sie ja fast schon niedlich.
Schnell und stark, gar gnadenlos
ist jedoch der Hufe Stoß.

Zwischen lauten Demonstranten,
meistens den sehr penetranten,
traben sie und schreiten ein,
wenn es muss mal wieder sein.

Wer versehentlich unwissend,
einen Ausgang stark vermissend
findet sich bei ihnen wieder,
sollte achten auf die Glieder.

Denn auch Pferde, jede Wette,
müssen mal auf die Toilette.
Der Verdauung Endprodukt
wird von Straßen nicht verschluckt.

»Schluss mit der Versiegelung«,
ruft ein Demonstrant, sehr jung.
Hat es schon begriffen.
Buhlen mit Begriffen.

Doch der Pferde Äpfelein
mischen sich da gar nicht ein.
Liegen einfach rum.
Stinkend, starr und stumm.

Zeitschriftenregal

Dem Digitalen thront zum Trotz
der Redaktionen reichlich Rotz,
gelegentlich auch Reigen,
im Ständer, sich zu zeigen.

Im Wettbewerb zu Billigwein
lädt er dort zum Sinnieren ein.
Erfolgreich, welch ein Wunder
bei diesem vielen Plunder.

Von fünf Uhr früh bis Mitternacht
wird jede Käuferschicht bedacht.
Im Kiosk steht die Zeit,
es macht sich dort kaum breit,

was strömt woanders schnell herbei.
Kein Plastik mehr und zuckerfrei.
Man lebt so, wie man lebt,
was keinem widerstrebt.

Vor allem doch die Printauswahl,
erschlagend durch die große Zahl
an Titeln, macht schnell klar:
Ein jeder ist hier Star.

Der Leser, der nur Bild mag,
fühlt sich bestätigt jeden Tag,
weil seine Zeitung schreibt,
was seinen Geist umtreibt.

Der Bürger, der am Adel Spaß
so hat, erscheint zum Aderlass,
wenn Prinzen und Proleten
mit armen Kindern kneten.

Der Vater, dessen Kind sehr scharf
anmeldete den Stoffbedarf,
zum Lesen wohl bemerkt,
den Umsatz noch verstärkt.

Die Mutter, die im Frust und Wahn
schnell greift zum lustig Lustroman,
liest abends Märchen vor.
Erhält dafür kein Ohr.

Ein junger Mann, in Schwarz gehüllt,
ganz gierig seine Taschen füllt
mit Heftchen, herrlich reizend
und nicht mit Bildern geizend.

So ist das, wäre manch Klischee
auch heute gern vergessen:
Bei einer Tasse Tee, Kaffee
wird kritisch nachgemessen.

In hoher Stückzahl weilen sie,
die großen Titel einsam,
geblendet von der Harmonie
des Schundes lang gemeinsam.

Gefesselt

Dem täglichen Flaniergelüst
ist sie bei Nacht das Grundgerüst.
Die Kette, welche Stühle stramm
dann bindet an des Baumes Stamm.

So manches Stück verschwand im Schwarz
der Nacht zwar schon, bedeckt mit Harz,
doch dem Café tat das nicht weh.
Es schlenderte manch stolzes Reh

mit zahmem Bullen zum Genuss
von Eis mit Ahornsirupschuss
an jene Sitzgelegenheit,
die zu dem Zwecke war befreit.

Nun ist der Schutz von Eigentum
verständlich, bauen Stand und Ruhm
doch wesentlich auf diesem auf.
Vertrauen steht oft zum Verkauf.

Doch Freiheit ist ein hohes Gut,
erfordert Muse und auch Mut.
Den Stühlen nimmt man sie bei Nacht.
Ihr Glück? Daran wird nicht gedacht.

Was muss es für ein Leben sein
zu halten her für jedes Schwein,
das Stehen hasst und sitzen mag?
Wie lang erscheint dem Stuhl der Tag?

Wie oft bringt wohl ein leiser Furz
das Sitzgestell sehr laut zum Sturz?
Und welcher Flüssigkeiten Rest
lässt brechen aus die nächste Pest?

Man kann das drehen, wie man will:
Die Gastrostühle leiden still.
Es nimmt der Sitzer boshaft hin
und auch der Schwitzer hängt mit drin.

Doch bleibt man einfach stehen,
ja, trotzt der Faulheit Wehen,
dann endet bald ihr Bangen
und keiner ist gefangen.

Die süßen Träume des Salzstreuers

In der Tische Mitte warten
sie, bereit für den Moment,
wenn der Gäste Knospen zarten
Prisen schmeicheln konsequent.

Streuer voller Zuckerkörner
oder nach Meer duftend Salz
nehmen Nasen auf die Hörner,
freuen sich an dieser Balz.

Nun ist es dem Gast oblegen,
sich das Essen so zu würzen,
dass sich seine Knospen regen,
nicht in Depressionen stürzen.

Auch wenn manch vergnügtes Pärchen
äußerlich den Schein erweckt
bei dem Streicheln durch die Härchen:
Hier ist alles nicht perfekt.

Im mit Salz gefüllten Streuer
brennt der Seele Höllenfeuer.
Der ihm doch so nahen Süße
küsst er stets im Traum die Füße.

Einmal möchte er nur spüren
diesen Zucker, der zwar optisch
könnte zur Verwechslung führen,
schon passiert an manchem Top-Tisch.

Diesen Wunsch nur zu erreichen,
freilich fromm und bodenständig,
wäre seines Schicksals Zeichen,
ihm zu dienen eigenhändig.

Ganz besonders schmerzt es immer,
wenn ein Gast, ganz ohne Schimmer,
greift vermeintlich sich den Zucker.
Merkt den Fehler – armer Schlucker.

Bei Kaffee und Kuchenspeisen
ist die Süße erste Wahl.
Klein jedoch der Kunden Zahl,
die dem Salz das Glück erweisen,

wenn sie auf der Speisekarte
wählen aus die Schweineschwarte.
Lecker ist das Leben.
Nehmen oder geben?

Die Aufreißerin

Dass Mädchen an Konsolen
die harten Jungs versohlen,
ist längst der Server Treiben.
So soll es bitte bleiben.

Als klein Marie dem Püppelein
erst drückte fest die Augen ein
und dann der Plastikküche schick
verpasste einen starken Kick,

da wurde ihren Eltern klar:
Sie wird sowohl ein Fußballstar
als auch die geilste Healerin
und große Item-Dealerin.

So kam es, dass zum Osterfest
in ihrem prall gefüllten Nest
auch lag ein Traum in Matt:
Die Hardware. Sie war platt.

Am Osterlamm erst kurz genippt,
den Wlan-Schlüssel eingetippt
entschwand sie, um zu siegen.
Auf Brechen und auch Biegen.

Sie gründete in diesem Wahn
fast täglich einen neuen Clan,
doch wurde immer besser
mit Knarre, Faust und Messer.

An jedem frohen »in game«-Tag
erfüllte sich manch Sarkophag
mit ihren Opfern blutend,
das Dungeon überflutend.

Sie mochte Jungs schon immer mehr
und diese vor dem Schrotgewehr
zu sehen, ließ sie lachen.
Es folgte meist ein Krachen.

Dem Vater war das wahrlich recht,
denn als im Reallife dann ein Hecht
sie wollte schnell begehren,
da konnte sie sich wehren.

Verbal und nicht mit Waffen.
Wenn große Wunden klaffen,
hilft oft ein passend Wort,
dann sind die Schmerzen fort.

Draculabertasche

Ein feiger Fürst der Finsternis
hat vor dem Licht und Knoblauch Schiss.
Bedingt durch großen Blutbedarf
benutzt er seine Zähne, scharf,

um manchem Fräulein, schön zart,
zu beißen in den Hals sehr hart.
Der Drang sich zu vermehren
ist keinem zu verwehren.

Dem süßen Sauger Siegmund saß
ein elend Leiden im Genick.
Er fand an den Gesprächen Spaß
mit seinen Opfern. Welch ein Strick.

So groß auch sein Verlangen war
nach kaltem Schweiß und warmer Haut:
Es wurde ihm zu spät oft klar,
dass Reden hatte es versaut.

Bei vielen Monologen
entschwand ihm, ungelogen,
manch kleiner Leckerbissen.
Ihn plagte das Gewissen.

Er war für dieses Los zu lieb,
der sehr erhoffte Killertrieb
ließ Jahre auf sich warten.
Es flohen all die Zarten.

Da war nur eine Möglichkeit,
die blieb dem trocken Grund.
In seiner trostlos Ewigkeit
verband er sich den Mund.

Nun konnte er nicht sprechen,
bei Übelkeit nicht brechen
und biss bei manchem Schmaus
sich selbst die Zähne aus.

Kiwi-Kitzler

Der Kiwi haarig Schalenkleid
tut mir im Supermarkt oft leid,
wenn alle Menschen greifen
zu diesen köstlichen reifen

und tropisch süßen Eiern,
in ihrer Art den Geiern
vor den Kadavern gleichend.
Die Waagen gierig eichend.

Dass Glätte nicht der Himmel ist
und man das Glück an Haaren misst,
die kurz und doch vorhanden
die süße Frucht umranden,

lässt manche Käufer stutzen.
Die Schale zu beschmutzen
und mit Genuss zu stutzen,
hat wahrlich einen Nutzen.

Und sei es nur der schnelle Griff
an das in See gestochen Schiff,
den Winden schwankend folgend
bis an das nächste Riff.

Schrot-Wichteln

Der County-Cowboy Camelot,
er wollte Christmas. Jetzt und flott.
Die Zeit sich zu vertreiben
und nicht allein zu bleiben

ging er zu Sheriff Steppenwolf,
der spielte in der Steppe Golf
und sagte: »Ich will Wichteln.«
Das freute auch den Rancher Rolf,

bei dem der Dollar rollt
und auch ein schneller Colt
stets wartet in der Tasche
bei mancher Whiskeyflasche.

So schnürte man im Wahn
den sündenvollen Plan
Russisch Roulette zu spielen,
dabei auf sich zu zielen.

Als Camelot, der Rinderheld,
das Schießen übte auf dem Feld
und auch auf seinen Weiden,
da wollte er vermeiden,

dass bald schon so ein Schießduell
ihn schicken könnte in die Hell.
Er liebte seine Rinder
noch mehr als seine Kinder.

Es half nichts, Heiligabend stand
man dann zu dritt im Festgewand
vor dem Saloon »Zur Rose«,
die Waffen in der Hose.

Der schönen Bankertochter, geil,
ihr wurde eine Ehr zu teil:
Sie durfte runterzählen,
doch nicht das Schicksal wählen

der ach so starken Helden.
Bei Eins begann zu melden
sich Camelot und rief:
»Die Sonne steht zu tief.«

Der Rabe

Der Rabe vom Laternenmast
nicht eine Kleinigkeit verpasst,
kann sich beliebig drehen
und gierig alles sehen.

So gab er einem Kolibri
vor Jahren mal ein Alibi,
als dieser war verdächtigt,
natürlich unberechtigt,

sein Weibchen zu betrügen.
Er strafte ihre Lügen
mit einem strengen Satz
zu ihrem neuen Spatz.

Mit dem besagten Kolibri
sprach er dazu bis heute nie.
Der Rabe, er will Gutes,
ist niemals frohen Mutes.

Die Einsamkeit ist sein Revier,
er teilt es mit so manchem Tier
und ist doch nur Zuschauer.
Dem Leben auf der Lauer.

Verwünscht

Symbol des Glückes ist der Klee.
Die auch bekannte gute Fee
darüber kann nur lachen.
Nicht glauben, sondern machen.

Wenn dieses Wesen kommt vorbei,
man hat sogleich drei Wünsche frei.
Sie sind dann wohl zu wählen.
Ach, würde mich das quälen.

Statt mich am Glück erfreuen,
ich würde nur bereuen
schon nach der ersten Bitte,
wild bangend um die dritte.

Der große Optimierungszwang
macht mich im Rausch des Glückes bang.
Was gut ist, geht noch besser.
Ich führe mir das Messer

so oft an meine Kehle.
Auch wenn ich es verhehle:
Will ich unglücklich sein?
Warum mach ich mich klein?

Nachnominierung

Er ahnte: Es war alles aus.
Schon leergeräumt das halbe Haus
erschien vor seinen Augen.
Was konnte Liebe taugen?

Sie hatte trocken mitgeteilt,
dass sie bei einem Neuen weilt.
Er wollte es nicht glauben.
Zwei neue Turteltauben.

Als er auf seinem Sofa saß,
das bot den Platz für manchen Spaß,
da kamen Schuldgefühle
in der Gedankenmühle.

Nicht gut genug und dann noch schlecht.
Sie hatte wohl in allem recht.
Da war nichts mehr zu retten.
Die Freunde schlossen Wetten,

wie lang das wohl noch ginge.
Die fast geplanten Ringe,
sie blieben ungraviert.
Man hatte sich geziert.

Es lief dann, wie es immer läuft:
Der eine liebt, der nächste säuft.
Der eine starr, der nächste stark.
Er wurde Narr und sie autark.

Manch Träne nahm das Kissen auf
und folgte der Gefühle Lauf.
Der Schokoeiskonsum
zerschmolz das Eigentum.

Doch auch bei großer Kummerlast
erblickt der Seher auf dem Mast
oft neues Hafenfeuer.
Dann wird es erstmal teuer.

Ein Anruf riss den Mann, erblüht,
sehr unverhofft aus dem Gemüt
voll Mut und Magenbrot.
Die Ex, sie war in Not.

Der Neue war der Alte schon,
die Miete deckte nicht der Lohn.
Das Bitten um Vergebung?
Es führte nicht zur Regung.

Bügelflaschen

Sie beulen aus die Taschen:
Bügelflaschen.
Sie ploppen auch bei Nebel,
denn ihr Hebel
ist Rauch-resistent.
Manch Etablissement
verachtet sie nur.
Man hält sie dort stur
nicht in den Händen,
sondern für Schund,
den tief im Mund
Schweine gut fänden.
Bügelflaschen.
Nur für die Laschen?
Sie überraschen.
Bügelflaschen.

Die Herdplatte

Auf des Herdes kalter Platte
liegt die warme Yogamatte,
welche die Studentin leise
rollte ein auf ihre Weise,

als am Morgen, kurz nach elf,
auf der Schulter ihr ein Elf
sagte: »Du musst los.«
Endlich war der Moos,

reichlich das Geschirr,
angeordnet wirr
auf der kleinen Spüle.
Still und starr die Stühle

weilten bei dem Weine.
Stellten sich die Beine
vierfach in den Bauch.
Zwischen Lack und Lauch.

Auf des Herdes kalter Platte
liegt die rot getränkte Watte.
Lebenssaft und Lippenstift,
während sie das Stift umschifft.

Im Plattenladen

Müde lief er sich die Waden
im geliebten Plattenladen,
der so manches rührend Rund,
und auch so geformten Schund,

offerierte kistenweise.
Laut zu hören oder leise.
Oft so hämisch reduziert,
dass der Rücken schnell krepiert.

Eines weiß der Nadel-Adel:
Über Lob und über Tadel
schwebt das stille Rauschen
stets beim Plattentauschen.

Klagend klang die Klarinette
aus der Boxen Prahl-Stafette,
die da aufgetürmt im Gange
überragte den Gesange

eines Herren ganz in Ocker.
Erster Eindruck: Trinker. Zocker.
Zweiter Eindruck: Rockabilly.
Vorurteile? Immer silly.

Andere Besucherinnen
wühlten sich hinter den Zinnen
dieser edlen Boxen-Burgen
durch die reichlich runden Rinnen.

Er, die Szenen stumm beäugend
und sich auch nach Platten beugend,
fasste den Gedanken
zu der Frau zu wanken,

die sich auch mit jungen Jahren
bückte zu den alten Waren.
Mozart erst, dann Mey.
Seine Knie? Brei.

Gemüsedips

Zwischen den Gemüsedips,
fotogen und dreist drapiert,
stand die Tüte Knoblauchchips.
Ihre Blicke – reserviert.

Da im kleinen Cocktail-Schuppen
all die großen Longtail-Puppen
hatten freilich reserviert,
traf man sich bei mir. Zu viert.

Zwei der meinen Busen-Buben,
die mit leeren Händen gruben
an so mancher reich begehrten
Armen, wählten die Verkehrten.

Telefonisch abgeordert,
deutlich hörbar aufgefordert,
traten sie den Heimweg an.
Sie blieb da und ich ein Mann.

Sie, die wie nie endend Leiden
fortan meine Ohren quälte.
Sie, die heimlich Auserwählte.
Wollte ihre Blicke meiden.

Als wir dann am Weine nippten
und die Chips in Soße dippten,
brach das Eis wie Sellerie.
Wieder hieß es: Auf die Knie.

Eben noch

Wo eben noch manch zarter Halm
versprühte einen Hauch von Alm,
erbeben Baggerschaufeln laut.
Der Schnee, getaut. Es wird gebaut.

Wo eben noch das Eine stand,
erschwingt des Anderen Gewand
sich schüchtern-schroff zum Tanze
und geht dabei aufs Ganze.

Der eine kommt, der nächste geht.
Was im Gesetz des Lebens steht,
wirkt wahrlich ungerecht.
Es ist nicht alles schlecht.

Pingelige Pinselstriche

Sie wirken nicht geschwungen,
sondern gezwungen.
Wie von einem Jungen,
der trotzig stürzt

sehr lautstark zu Boden.
Gefühle zu roden,
durch Herz oder Hoden,
des Lebens Glück kürzt.

Über Liebe

Dass über Liebe alles geschrieben worden
ist, bezeugen die Horden an
Playlist-Proleten. Mann
ist stolz auf den Orden.

Dass über Liebe zu schreiben meist kitschig ist,
wo sie doch glitschig ist
in ihrer rohen und rastlosen Form,
irritiert enorm.

Die Rede meines Lappens

Die Rede meines Lappens war,
wie schon erwartet, lapidar.
Er fühlte sich entmündigt
und hatte angekündigt,
sich bitter zu beschweren.
Sein Wohl in allen Ehren:
Was hatte er zu melden?
Dem treuen Alltagshelden
erging es bei mir blendend.
Ihn oft beim Wischen wendend,
war er mal unten, oben.
Er sollte nicht so toben.
Es ging ihm schlecht, doch darin gut,
verglichen mit dem Lebensmut
der Lappen weggeschmissen
von vielen, die so dissen
die Umwelt statt zu waschen.
So leert man sich die Taschen.

Den Bänken

Lasst uns in Ruhe gedenken
den Bänken.
Hölzern und hold,
des Wandernden Gold.
Der Holzwürmer Speise,
auf der mancher Greise
die Stulle verspeist
und weiter ergreist.
Im Winter vereist
sind sie meist verweist,
nicht wirklich gemütlich.
Man zieht weiter südlich.

Backblech-Blues

Du bist so heiß.
Mach keinen Scheiß.
Handschuhe an.
Put on your shoes.
Das ist der Backblech-Blues.

Ich hol dich raus
und schieb dich rein.
Die Umluft an.
I love your smell.
Very well.

Du bist so nett,
in deinem Bett
aus Zuckerguss
bist du der Mus.
Das ist der Backblech-Blues.

Überlegen

Wenn ich so überlege,
ist das nicht untertrieben:
Die Unterschicht blickt auf,
die Oberschicht sitzt drauf.
Was sich ändern muss?
Tortenguss.
Literweise lecker
vom Bäcker.
Oder Konditor?
Die Constrictor
würgt ab.
Drückt zu,
nicht das Auge.
Im Nu
bist du Lauge.
Was sich ändern muss?
Tortenguss.

Punkte in Flensburg

Mit Freude fuhr der Ron
zur Rockabilly-Con.
Er liebte diese Kleider
mit Pünktchen, aber leider
war er nunmal ein Mann.
Da zieht man das nicht an.
Die Messehalle fast erreicht,
ist ihm kurz das Gesicht erbleicht.
Die Haare nassgeschwitzt.
Man hatte ihn geblitzt.

Mikrowellen-Meditation

Ich starre auf die Uhr.
Was mache ich hier nur?
So stur und standhaft blickend
auf diese Kiste tickend.
Die Wärme der Wange.
Es dauert nicht lange,
bis ich gar hastig beiß
und merke schmerzhaft: Heiß.

Französischkurs

Ich bin zu meinem Sprachenkurs
schon ziemlich spät gewesen
und musste, mit mir im Diskurs,
dann an der Türe lesen:
Saunaclub,
links Dom, rechts Sub.
Suspekt war mir die Szene.
Der Puls in meiner Vene
verriet das Missgeschick.
Man suchte hier den Kick.
Vom Samba-Sound betört
hat mich das nicht gestört.

Nicht dankbar

Es ist nicht dankbar,
das Schreiberleben.
Du schreibst es, eben
nicht an der Heimbar,

sondern am Schreibtisch,
wo manch ein Zettel
im Brain-Battle
wird schnell zum Wein-Wisch.

Es ist nicht dankbar,
das Schreibersterben,
denn die Verwandten erben
nicht einen Cent, klar.

Nur die Gedanken,
im stetigen Wanken
verfasst und vergessen.
Geleiert wie Messen

im Kloster nach Jahren
des Schweigens
und Reigens.
Den wahren

Gelüsten,
Brüsten,
bleiben sie fern.
Chicken? Gern.

Gürtelrose

Du bist kampfsportaffin,
ziehst den Gürtel straff, ihn
mit Freude umfassend
und erhaben erblassend.

Hast es allen gezeigt,
allen Hatern gegeigt
erst die Meinung, dann Brahms.
Und die Früchte des Schams

erntest du mit Vergnügen.
Ach, ich kann doch nicht lügen.
Wünsche dir diesen Zwinger,
man sagt Ring, an den Finger.

Chiasamenbank

Die Müslimischung macht den Mann,
erfreut des Morgens ihn und dann
gelingt des Tages Schaffen.
Die Samen sind die Waffen.

Geschüttet in das trübe Weiß
wird Hafer schnell zu Foodporn, scheiß
die Wand an, ist das trendy.
Am Smartphone oder Handy.

Doch ist beim körnigen Genuss
ganz unverhofft dann einmal Schluss,
weil all die kleinen Samen
zu einem Ende kamen,

hilft nicht der größte Zank.
Zur Chiasamenbank!
Da führt kein Weg vorbei.
Was bleibt, ist Haferbrei.

Die Turmuhr

Was kann für die Turmuhr
denn der Turm nur?
Er steht dort rum,
einsam und stumm,
öfter erbebend.
Alles erlebend,
wenn seine Glocken
Gläubige locken.
Sehende Sünder.
Gierige Münder
und schärfere Schafe,
bittend um Gnade,
suchend nach Strafe
im Luftraum mit Kiemen.
Ein Kreuz auf der Brust,
doch am Rücken nur Striemen.

Weiße Ledersitze

Was spüre ich in meiner Ritze?
Weiche, weiße Ledersitze.
Kuschlig kalt, bald wohlig warm.
Es glühen Leber, Nieren, Darm.

Der Wagen war nicht jung und alt,
der Zahn der Zeit biss mit Gewalt
so manches Stück vom fahlen Fell.
Auf Weiß erscheint der Dreck so grell.

Wer von den Autos nichts versteht,
nicht nur zumeist zu Fuße geht.
Oft hat er keine Augen
für Tanker, die was taugen.

Zurück zum weißen Ledersitz,
auf dem ich mit den Backen sitz,
er ist inzwischen wärmer.
Der Fahrzeughalter ärmer.

Er hatte dies dem Tanken
alleine zu verdanken.
Nur meine Taschen glühen heiß.
Ich sitz im Geld und schwimm im Schweiß.

Noch dreißig

Noch dreißig bis zur Mitternacht.
Ich habe nochmal nachgedacht.
Was hat der Tag gebracht?
Hat mich die Zeit bewacht

beim tadellosen Träumen?
Gedanken aufzuräumen,
ist abends aber tödlich
für meine Augen, rötlich.

Sie liebt mich

Sie liebt mich und sie liebt mich nicht.
Ich leide unter dem Gewicht
des Gänseblümchens abgezupft
und mancher Träne abgetupft.

Er ist nicht neu und wird nicht alt.
Hat dich der Kummer in Gewalt,
dass jenes Gegenüber
blickt weder mal herüber

noch teilt diese Gedanken,
die um ein Thema wanken,
mit Fakten nicht zu fassen,
dann solltest du es lassen.

Sie liebt mich und sie liebt mich nicht,
ich setze an zum Schnellgericht,
mich selber zu belasten.
Die Wahrheit nicht zu fasten.

Limericks

Limericks-Limerick

Bei Limericks denke ich immer
es wird jede Zeile noch schlimmer.
Die Pointe am Schluss,
dort ist sie ein Muss.
Nur heute, ich finde sie nimmer.

Glockenwart-Limerick

Der Glockenwart Hagen aus Hagen,
der hatte, weiß Gott, kein Betragen.
Doch nach einer Nummer
im Turm kam der Kummer,
der Pfarrer schlug ihm auf den Magen.

Musen-Limerick

Die schöne Studentin mit Bluse,
ich nähme sie gerne zur Muse.
Doch sie ist vergeben,
so ist das im Leben
und täglich es bleibet beim Gruße.

Müllmann-Limerick

Ein lustiger Müllmann aus Wacken,
der liebte es draußen zu schnacken.
Statt Säcke zu holen,
begann er zu johlen.
Er musste die Koffer dann packen.

Ersatzstrumpfhosen-Limerick

Wenn ihr die Strumpfhose gerissen,
der Abend läuft richtig beschissen.
Doch welch eine Masche,
Ersatz in der Tasche,
den möchten die Damen nie missen.

Schlitzaugen-Limerick

Ein Fräulein, das nannte man Tina,
sah aus wie geboren in China.
Doch sie war nie dort,
ihr Vater ging fort
vor Jahren nach Deutschland zu Nina.

Belesen-Limerick

Die bildschöne Dame im Bus
auch geistig war mächtig in Schuss.
Denn was sie gelesen,
das zeugte vom Wesen,
was wohnen in ihr leise muss.

Tintenfisch-Limerick

Der Tintenfisch Theo aus Thailand,
er stammte einst von einem Eiland.
Dort wurd er gefangen,
ins Netze gegangen,
und später gegessen in Mailand.

Schäfer-Limerick

Zwei Schäfer zu Hause in Knolle,
die kriegten sich oft in die Wolle.
Sie liebten Dieselbe
am Ufer der Elbe,
doch Trösten war nur ihre Rolle.

Tannen-Limerick

Am Heiligen Abend die Tanne
Frau Kindel warf in eine Pfanne.
Erst sah sie nur Rauch,
dann brannte der Strauch,
die Küche glich gar der Savanne.

Zahnchirurgen-Limerick

Ein Zahnchirurg aus Lückenfelden,
der musste beim Metzger sich melden.
Sein Zahnfleisch war leer
und er wollte mehr.
Das freute den gierigen Helden.

Klosternutten-Limerick

Im Kloster die findige Nutte
zur Tarnung trug gern eine Kutte.
Dort musste sie saugen,
die Kreuze vor Augen,
verdiente jedoch großen Schutte.

Sanitäter-Limerick

Es war einmal ein Sanitäter,
der legte sich einen Katheter.
Er tat es zu harsch,
dann war er im Arsch.
Wie's ausging, erzähl ich euch später.

Fräuleinwunder-Limerick

Es war einmal ein Fräuleinwunder,
das kaufte beim Bäcker gern Plunder.
Genoss dann in Stille
die süße Vanille
und wurde dabei immer runder.

Menstruationstassen-Limerick

Aufgrund ihrer trockenen Möse
war Lara auf Tampons sehr böse.
Doch mit ihrer Tasse,
da läuft es jetzt klasse,
weil sie das Problem einfach löse.

Zwergen-Limerick

Zu leben am Fuße von Bergen
missfiel einem Volke von Zwergen.
Sie liefen zum Gipfel,
da schmolzen die Zipfel.
Das freute die Bauer von Särgen.

Bibel-Limerick

Die Bibel in Gänze zu lesen,
ließ einst einen Pater verwesen.
Nach sechs Flaschen Wein
schlief er friedlich ein
beim einsamen Beichten im Besen.

Stalker-Limerick

Ein fleißiger Stalker auf Lauer
seit Stunden stand hinter der Mauer.
Er war nur kurz pissen,
dann kam das Gewissen:
Er hat sie verloren auf Dauer.

Klappstuhl-Limerick

Den Klappstuhl zusammenzukriegen,
das geht nicht mit Brechen und Biegen.
Nur ganz feine Hände,
die werden am Ende
den Kofferraum clever besiegen.

Tintenpatronen-Limerick

Auf Tintenpatronen zu kauen
erschweret das gute Verdauen.
Erst blau wird die Zunge,
dann zwicket die Lunge
und fleckenbesät sind die Klauen.

Tomaten-Limerick

So treulos auch sind die Tomaten,
ich würde sie niemals verraten.
Doch grasgrüne Gurken,
die knackigen Schurken,
man sollte sie spalten mit Spaten.

Gähnen-Limerick

Beim Gähnen zu öffnen den Munde
ermöglicht der fröhlichen Runde
den Rachen zu sehen,
und wenn alle gehen,
dann schlug des Unhöflichen Stunde.

Papageno-Limerick

Ein Fänger von Federn auf Streife
blies andauernd in seine Pfeife.
Als wär's nicht zu viel,
gab's ein Glockenspiel,
es brachte ihn schließlich zur Reife.

Tamino-Limerick

Ein Prinz in dem Wald schon sehr lange
verfolgt wurde von einer Schlange.
Da kamen drei Damen,
die sich ihr annahmen
mit einem gar schönen Gesange.

Hecken-Limerick

»Wem sind hohe Hecken zu nütze?«,
sich fragte ein elender Schütze.
Er kam nicht dahinter
und stand dann im Winter
bewaffnet am Felde mit Mütze.

Ziffernblatt-Limerick

Ein Ziffernblatt freudig zu kauen
ließ einst eine Blattlaus erblauen.
Denn nach all dem Blei,
da war es vorbei.
Dem Glänzenden ist nie zu trauen.

Motten-Limerick

Die Motten beim Fliegen ins Lichte
erzählten einander Gedichte.
Sie sollten erhellen,
so nah an den Wellen
die meisten doch wurden Geschichte.

Gassen-Limerick

Ich kann es noch immer nicht fassen,
wer lungert durch heutige Gassen.
Vom edlen Gewand
zum Sammler von Pfand.
Die Einzelnen bilden die Massen.

Latein-Limerick

Ein Windstoß verteilte die Karten
mit meinen Vokabeln im Garten.
Latein ist lebendig,
die Wörter sehr wendig,
darum ist es nur für die Harten.

Vierzeiler

Liebesbriefe

Wie mag es wohl gewesen sein,
als man sich im Verlieben
mit Tinte noch Tag aus Tag ein
die Briefe hat geschrieben?

Der Sarg

Wohin der Weg mich führen mag?
Ich weiß es sicher nicht.
Am Ende steht vielleicht ein Sarg,
doch bitte ein Gedicht.

Die Verehrerin

Diese Frau, die mich verehrt,
sie legt mich sanft ins Bette.
Die, von der ich zehr vermehrt
sehr ruppig an die Kette.

Geld allein

Dass Geld allein nicht glücklich macht,
erzählt man jedem Kind.
Es wäre aber doch gelacht,
dass Arme reicher sind?

Drang nach mehr

Der unstillbare Drang nach mehr,
er hat mich nun zerfressen.
Auf was ich mich einst freute sehr,
hab gänzlich ich vergessen.

Voll im Flow

Auf Englisch klingt so vieles fancy,
voll im Flow wird's rausgescreamt,
weil jede kleine Olga-Nancy
schon im Kindi Movies streamt.

Ein Gruß

Um für meine Tat zu büßen,
nehm ich dir die Pumps vom Fuß.
Hinterlasse auf den süßen
dir zum Abschied einen Gruß.

Hinterher

Hinterher, so sagt man sich,
da ist man immer schlauer.
Manchmal aber wüsste ich
das vorher gern genauer.

Die Schiffschaukel

Auf dem Jahrmarkt schwingt sie immer
wieder auf und ab.
Mancher Gast mit blassem Schimmer
schaut aus ihr herab.

Leg es weg

Ein schneller Griff und kurzer Blick,
das Handy stets dabei.
Es wegzulegen ist der Trick,
man sieht dann allerlei.

Kapellen

Manche dieser alten Bauten
stehen an des Berges Fuß.
Doch da gibt es auch die lauten,
die trompeten einen Gruß.

Ausharren

Wer den Kopf kriegt aus bei Nacht,
ist mit großem Glück bedacht.
Wir, die nachts an Decken starren,
müssen mit dem Schmerz ausharren.

Muttermale

Über ihre Haut zu gleiten,
die von Punkten groß bedeckt,
während sie in tiefen Weiten
vor den Sorgen sich versteckt.

Ohrenschmalz

Ohrenschmalz, Ohrenschmalz
hält man sich gern vom Hals.
Doch auch in deinem Ohr
kommt er mal vor.

Schuhlagerung

Wo mag lagern sie die Schuhe,
welche zahlreich sie besitzt?
Frage ich mich ohne Ruhe,
weil sie durch die Gänge flitzt.

Das Ideelle

An Geld ist es gar wenig wert,
die Seele hängt daran.
Und wer dem Stück den Rücken kehrt,
der ist wohl ärmer dran.

Die Restauratorin

Hier ein Stückchen abgebrochen,
da die Ecke stark verkratzt.
Deren Zeit ist angebrochen,
die nicht mit dem Pinsel patzt.

Treue

In der Liebe hochgepriesen,
meistens doch nur Theorie.
Denn wo mehr Gefühle sprießen,
weiß man bei dem Schwure nie.

Was immer man wollte

Zu haben, was immer man wollte.
Zu missen, was war stets der Traum.
Im Inneren führts zur Revolte,
am Äußeren sieht man es kaum.

Zwicken am Arsch

Es zwicket plötzlich dich am Arsch,
du weißt, du musst nun scheißen.
Doch ist es noch ein langer Marsch
dir auf die Zunge beißen.

Die Glühbirne

Aufgewachsen in der Flasche,
abgebrannt um Mitternacht.
Von der Birne blieb nur Asche
und Dupont, der hegt Verdacht.

Mango-Mädchen

Den Obstteller schon anvisiert,
du schreitest durch den Flur.
Die Mango ganz schnell einkassiert
bei jeder Kaffee-Tour.

Printzeitung

Die Liebe wie die Zeitung ist,
die morgens liegt im Kasten.
Wenn du sie einmal schwer vermisst,
es folgt ein seelisch Fasten.

Das Treppenhaus

Ich gehe in das Treppenhaus
und seh die weißen Wände.
So schnell komm ich hier nicht mehr raus
und bin doch schon am Ende.

Eine Nacht, drei Körbe

Wer keinem an die Wäsche kann,
der macht die Wäsche in der Nacht.
Und wenn man pirscht sich einsam ran,
es hagelt Körbe, dass es kracht.

Nur ein Schwein

Der Volksmund sagt, dass nur ein Schwein
den Alkohol trinkt meist allein.
Diese Menschen, ach so breit,
erfuhren wohl nie Einsamkeit.

Der WG-Küchentisch

Hier anzugeben liegt mir fern,
das wäre sehr vermessen.
Doch lass dir sagen leise gern:
Wir haben dort gegessen.

Vom Glück einer Walnuss

Die Walnuss sanft zu trennen
in zwei gar gleiche Teile,
das dauert eine Weile.
Doch lässt dich fröhlich flennen.

Der Fleck

Dunkelrot auf deiner Decke
prangt ein großer, runder Flecke.
Ist er Rotwein oder Blut?
Sei es drum, die Nacht war gut.

Die Miene

Stumpf ist meine Miene,
gut zum bösen Spiel.
Heute fehlt nicht viel,
morgen dann die Schiene.

Zum Abend

Zum Abend schicke ich den Reim,
mag er auch wirklich nutzlos sein,
per Handy zu dir heim.
Und wünschte, du wärst mein.

Die Müdigkeit

Die Müdigkeit auf dem Papier
erklingt mit hohlen Worten.
Denn es gibt viele Sorten
an Apfelwein und Bier.

Dasselbe Paar

Du trägst am dritten Tage nun
dasselbe Paar an Schuhen.
Weil das nicht viele Frauen tun,
lässt mich dein Blick nicht ruhen.

Denken

Sie ist ganz nett, das denkt er sich.
Sie denkt, er ist ganz nett.
Doch, kurz gesagt, unter dem Strich
bleibt jeweils leer das Bett.

Das Fischerboot

Gerät ein kleines Fischerboot
auf See einmal in große Not,
dann heißt im Akkord:
»Die Hohlsten über Bord«.

Fein

Noch irgendwas mit Liebe?
Ich lass das Schreiben sein.
Doch dichten über Siebe?
Das wäre wirklich fein.

Im Protokoll

Das stand so nicht im Protokoll,
wir haben nachgetragen.
Da soll noch einer sagen,
wir hegen immer Groll.

Sonntagabend-Panik

So frisch wie Sonntagabend ist
die Woche niemals mehr.
Und doch bereits so schadend trist
sind die Gedanken schwer.

Handywecker-Schellen

Des Handyweckers Schellen
entreißt mich meinen Träumen.
Wird mich der Tag erhellen?
Ich darf ihn nicht versäumen.

Manchen Strich

Das geht nicht so, wie ich es will,
denn ich will leider dich.
So bleib ich höflich, halte still
und ziehe manchen Strich.

Leicht gesagt

Ich möchte es dir sagen,
doch das ist leicht gesagt.
Ich hab es oft vertagt
und muss es nun ertragen.

Die Schere

Die Schere zwischen Arm und Reich,
sie geht weit auseinander.
Die Schere hier in meinem Reich?
Verlegt im Durcheinander.

Verlieben

Nun, das mit dem Verlieben,
das war doch längst besprochen.
Jetzt haben wir gebrochen,
wobei wir sind verblieben.

Weiter bücken

Zeilen, die entzücken.
Verse, die begeistern.
Doch das Ende meistern?
Muss mich weiter bücken.

Zieh Leine

Jetzt mach endlich die Kippe aus
und zieh statt Qualm mal Leine.
Du sitzt hier bald alleine.
Komm, geh nun auch nach Haus.

Die Ungezogenen

Wenn die Ungezogenen
auf dem frisch bezogenen
Bett sich wild vernaschen,
heißt es wieder: Waschen.

Menschentrauben

Menschentrauben sind nicht süß
und werden nie zu Wein.
Das ist sehr gemein.
Sie könnten lecker sein.

Das DJ-Paar

Ein DJ-Paar, noch sehr geniert,
hat sich am Telefon geziert
und nahm so still in Kauf,
dass keiner legte auf.

Kohlensäure

Da ist nichts dran zu rütteln,
sie kommt nie mehr zurück.
Lag es am wilden Schütteln?
Das ist ein starkes Stück.

Klammern

Wer das Tackern hat mal satt,
heftet sie an manches Blatt.
Wer es mit dem Partner tut,
macht nur selten etwas gut.

Bar-Geld

Für die Reifenluft zu zahlen
müssen, ändert keine Wahlen.
Fordert doch den tristen
Lokalteiljournalisten.

Berührt

Du hast mich sehr berührt
und schließlich angefasst.
Ich hab den Sprung verpasst,
der schnell nach draußen führt.

Ein Stein

Ich bilde mir nichts ein.
So spannend wie ein Stein
mag ich wohl für dich sein.
Da bist du nicht allein.

Im Schädel

Knallt der Rotwein dir im Schädel
nach der Nacht mit deinem Mädel,
werte es als Glück
und denk an sie zurück.

Wenn alles stimmt

Die kratzenden Quinten und Quarten
der Streicher erfreuen die zarten
Gemüter, die schon bei dem Stimmen
den Gipfel des Glückes erklimmen.

Eierlikörgläschen

Es sieht nicht wirklich männlich aus,
wie ich das Gläschen fasse.
So sehr ich das auch hasse:
Ich krieg den Dreh nicht raus.

Friedhofsfrieden

Stille, die verstummtes Wimmern
ist. Um sie nicht zu verschlimmern,
trag ich sie zu Grabe.
Singend wie ein Rabe.

Sachdienliche Hinweise

Es nimmt sie gern entgegen
das Polizeirevier.
Deiner Gefühle wegen
steh ich nun blutig hier.

Rahmenunterkante

Des edlen Malers Namen
ist eben dort zu lesen.
Doch ist er es gewesen?
Es malten wohl auch Damen.

Moderne Inszenierungen

Es geht meist ziemlich zackig
und schon steht einer nackig
am Bühnenrande schweigend,
uns seine Rolle zeigend.

Bürowandkalender

Zeigen mehr Werbung als Wochenenden.
Werden gedruckt, um zu verenden,
wenn das Jahr einmal verstrichen
und ihr Nutzen so verblichen.

Wasserleiche

An Kohlensäure reich
ist nun mein Magen.
Er wird mich plagen
mit einem lauten Streich.

Der Blitz

Es war einmal ein Blitz,
der war bei Nacht sehr spitz,
jedoch am Tage artig.
Man nannte ihn Blitz Artig.

Der Betonmischer

Es dreht sich all sein Leben
um dieses flüssig Grau.
Ich weiß es ganz genau:
Im Innern muss er beben.

Kerzenlicht

Bei Kerzenlicht geschrieben
klingt jedes Wort so weise.
Die Flamme lodert leise.
Wo ist das Wachs geblieben?

Du trägst nur Sneaker

Du trägst nur Sneaker jeden Tag
und hast davon gar viele.
In Weiß und Weiß, du Schöne, sag,
wie groß ist deine Diele?

Rufe

Kuckucksklänge, Rabenlaute.
Wär da nicht der schon versaute
Tag durch den Beruf,
erfreute mich manch Ruf.

Zischen

Des Streichholzes Zischen,
es wollte sich mischen
mit elender Stille.
Das war auch mein Wille.

Bananenkisten

Bücher in Bananenkisten
mit den Jahren auszumisten
fordert harte Wahlen.
Dann doch lieber Schalen.

Schrauben

Schrauben, fleißig aufgehoben
auf dem Schrank, nicht greifbar oben,
dienen zum Ersatz.
Plötzlich starb die Katz.

Tee

Stark gebeutelt Schwarztee trinken
und den Beutel beim Versinken
immer weiter niederdrücken.
Oh, wie bin ich zu beglücken.

Wonnetrunken

Als ihr wonnetrunken
ihre High Heels stunken
wollt sie barfuß gehen.
Konnte nicht mal stehen.

Lasso

Lasso, hast mich eingefangen.
Deine Melodien klangen
freilich fremd-vertraut.
Meisterhaft verbaut.

Penetration

Wenn die Quint die Quart
penetriert sehr zart
und erreicht die Terz,
dann erklingt mein Herz.

Der Handschuh

Ein Handschuh in der Einsamkeit
der Straße suchte Zweisamkeit.
Ihn in die Finger kriegen?
Man ließ ihn einfach liegen.

Kondomkauf

Da steht er gleich doppelt am Tresen
und schiebt so, als wär nichts gewesen
die kleine Verpackung hinüber.
Im Heftchen stand, das muss jetzt drüber.

Overdressed

Dass der Anzug Blicke lenken
würde, konnte er sich denken.
War das jetzt Kalkül
oder Feingefühl?

Bei Regen

Sich im Bette nicht zu regen,
wenn mit Freude tanzt der Regen
auf dem Fenster. Nicht das Gleiche,
wenn du bist statt stumm nur Leiche.

Nun vor mir

Wo ich dich nun vor mir sehe
und vor der Entscheidung stehe:
Lieben oder lassen?
Oh, da muss ich passen.

Die Ferne

Ein Leiden ist die Ferne.
Ich würde dich so gerne
mit jener Freude holen
empfunden beim Versohlen.

Der zweite Stock

Dass der zweite Stock zu niedrig
ist und meine Gründe widrig,
sollte mich bewahren
vor dem Saal der Bahren.

Der Mutter Ruf

Als der Mutter Ruf erschallte,
zornig durch die Straße hallte,
wusste Peterlein sogleich:
»Heute schlafe ich nicht weich«.

Verwischt

Am Augenlid ist dir verwischt
das Make-up, mit dem Salz gemischt
der Tränen. Scheinst sehr schwach
vom Schweigen bei dem Krach.

In der Kurve

Wie du da in der Kurve stehst
und mit dem Klang der Kerle gehst,
macht dich auf der Geraden
zur Trainerin der Waden.

Die Füllungen

Die Füllungen süßer Gebäcke
erfüllen wohl nur einen Zwecke:
Die Einmalservietten-Vertreter
zu fördern, vergütet pro Meter.

Nach der Pause

Nach der erfolgten Pause
Gedanken klar zu fassen
und sie nicht zu verpassen.
Das nennt man wohl »Zuhause«.

Das Buch

Da liegt das Buch,
es steht viel drin.
Doch welch ein Fluch:
Ich komm nicht hin.

Fagott

Ich traf noch keine, die Fagott
je spielte. War ja klar, wie flott
mein Herz für kurioses Sein
dich schloss in seine Kammern ein.

Lüften

Bei Regen kurz zu lüften,
das führt zu großen Klüften
im brechenden Parkett.
Das klingt beim Laufen nett.

Spaltendruck

Im Seiten sparend Spaltendruck
erschien mein Textchen über Gluck
im Führer zum Konzerte,
das an den Nerven zerrte.

Batterien

Voll, da sind sie vollumfänglich
einsetzbar, und doch vergänglich
ist ihr Gut, das wohl nicht minder-
wertig weilt meist mit Zylinder.

Die Banane

Sie wirft sich stets in Schale:
Die Banane.
Und wird deshalb gefressen
von Hostessen.

Orangen

Es wäre sehr vermessen
Orangen nicht zu pressen
als Profi-Bilder-Poster.
Das Glas steht vor dem Toaster.

Das Bild

Wie es da hängt, das Bild.
Bei diesem Klima mild
lässt es mich kalt.
Wärme gibt Halt.

Münzgeld

In meiner Hose schwer,
da weilt ein Beutel leer
an Scheinen, Münzen doch
ist er ein gütig Joch.

Der Vater

Wie er ein Liedchen singt,
als er die Kinder bringt
zum Zug in Richtung Mutter.
Da wird mein Sitz zum Kutter.

Klingelschilder

Dass alle Namen
waren mal Samen,
ist kurios.
Wie ging das los?

Klappe halten

Dass Neue die Klappe halten,
erzählen die Alten
meist rigoros
in Filmstudios.

Die Wolken

Die Wolken durchdringt
ein Flugzeug, sehr laut.
Durch Winde bedingt
hab ich aufgeschaut.

Die Kaffeehand

Durch zittrig-grobe Kaffeehand
erhielt sogleich ein neu Gewand
das Schriftstück unersetzlich.
Der Anblick war entsetzlich.

Der Bassschlüssel

Es gibt Momente,
da will man noch tiefer
für Ornamente.
Klavier oder Kiefer.

Kasse Drei

Geöffnet wird die Kasse Drei
und alle eilen schnell herbei.
Ich bleibe an der Vier,
denn jetzt gehört sie mir.

Fahrstuhlfahrt

Kurz war diese Fahrstuhlfahrt,
lang jedoch der Kuss, gepaart
mit lusterfüllten Blicken.
Gleich hilft dir auch kein Zicken.

Abblasen

Den Ablass abzublasen
beschlossen alte Hasen.
Noch heute kennt man diesen Zwerg,
der nagelte in Wittenberg.

Bach I

Im wunderschönen Eisenach
geboren wurde einst Herr Bach.
Doch auch im schönen Leipzig
sind Sensemanns nicht geizig.

Bach II

Er hatte viele Kinder,
die musisch auch nicht minder-
begabt mit langen Namen
verteilten ihre Samen.

Bach III

So manches Menuett,
das kam ihm wohl im Bett.
Die Frage war: Dort bleiben?
Er wählte oft das Schreiben.

Bach IV

Kantaten einzuüben,
muss wohl die Stimmung trüben,
wenn man dabei ganz konzentriert
bereits die nächsten komponiert.

Bach V

Ein ganzer Chor an Knäbelein
stimmt in der Orgel Klang mit ein.
Sie hatten es längst drauf:
Ganz brav das Mündlein auf.

Bach VI

Es schlief in der Perücke
von Johann eine Mücke.
Sie war dort nicht alleine.
Hygiene gab es keine.

Fassungslos

Fassungslos fällt sie zu Boden:
Die Glühbirne.
Die Frühdirne,
hoffnungslos hält sie die Hoden.

Die Nadel

Er führt sie sanft und doch bestimmt
an jenen Ort, wo ihn erklimmt
ein kribbelndes Gefühl.
Die Droge heißt Vinyl.

Rosen-Montag

Um all die Erotik zu retten
verteilte der Günther auf Betten
die duftenden Rosen samt Stiel.
Das Krankenhaus war dann sein Ziel.

Oh, Tannen. Baum.

Er wollte es weihnachtlich haben
und landete deshalb im Graben.
Vom Weg abgekommen, die Kiefer erklommen,
entschwand er der Welt ganz benommen.

Der Baukran

Das rötliche Licht an der Spitze,
es scheint ganz genau durch die Ritze
der Häuser vor meinem Schlafzimmer.
Im Vorhang verkommt es zu Glimmer.

Das Dachgestühl

Der Kathedrale Dachgestühl
in Flammen brennt mir ein Gefühl
von qualvoller Vergänglichkeit
in meinen Fernsehhintern breit.

Das Döschen

Ihr Leben nun selbst zu beenden
hält sie dieses Döschen in Händen.
Nur einmal kurz schlucken,
dann schwindet das Zucken.

Plastikkleid

Der Fertigpizza Plastikkleid,
es steht so grausam für das Leid
der eingefroren Lebenslust.
Mein Hunger geht, es bleibt der Frust.

Nicht verstanden

Du hast mich nicht verstanden,
doch um bei mir zu landen
sitzt du nur da und nickst.
Ich weiß doch, wie du tickst.

Kein Schein

Kein Schein kann den Schein noch bewahren.
Bestechlich sind nicht die Gefahren.
Zu kaufen sind nur die Gefallen.
Von dir und von mir, ja, von allen.

Der Obstprospekt

Des Biomarktes Obstprospekt
hat sich im Gleisbett schlecht versteckt.
Ich habe ihn gefunden
beim Warten, schon seit Stunden.

Schnittchen

Der Tisch ist voller Schnittchen.
Ich bin ein kleines Flittchen
und stecke mir die Klöschen
vom Wein getränkt ins Höschen.

Alter Brauch

Es ist ein alter Brauch:
Man schubst sich in den Strauch
und nennt das ganze »Necken«.
Dann lieber gleich mit Hecken.

Der Kerzenlöscher

Des Kerzenlöschers Kuppelform
lässt zittern manche Brandschutznorm.
Schnell drauf, kurz halten – aus.
Man kennt das von Zuhaus.

Alte Birne

Von einer alten Birne
war übel einer Dirne.
So ist das, wenn man nicht mehr guckt
und alles ohne Ekel schluckt.

Badewannenstrudel

Im Badewannenstrudel
ums Leben stritt ein Pudel.
Vom schweren, nassen Fell gelähmt
hat er, verstopfend, ihn gezähmt.

Vom Wecker

Vom Wecker gerissen zu werden
aus Träumen, in denen mich Herden
aus hungrigen Rindern anmuhen.
Wie soll man da einmal ausruhen?

Neutraler Versand

Da liegt es nun in ihrer Hand
vom Schöpfer sehr neutral verpackt.
So unscheinbar auch das Gewand:
Des Päckchens Inhalt nutzt sie nackt.

Zu Grabe

Den Bruder zu Grabe zu tragen,
das wollte Antigone wagen.
Es ist ihr voll Ehre gelungen.
Den Tod hat sie schandhaft errungen.

Das Croissant

Vertrocknet das Croissant, erstarrt,
sehr traurig auf dem Teller harrt
aus. Völlig unvollendet.
Welch Genuss, verschwendet.

Der Schokohase

Nach dem zur Arbeit Rasen
find ich den Schokohasen.
Die Ohren ich dann schnell verputz.
Ihr wisst es alle: Datenschutz.

Brötchenhälfte

Unten oder oben?
Das ist hier die Frage.
Hat doch jede Lage
einen Grund zum Loben.

Zahnseide

Die Freude über Blut im Mund,
sie variiert wohl je nach Grund.
In jedem Fall von der Partie
ist Reibung. Welche Ironie.

Eingelocht

Zielsicher eingelocht:
Der Docht
in der Kerze Mitte.
So will es die Sitte.

Nur ein Mann

Schau mich nicht so an.
Ich bin nur ein Mann,
einfach zu durchschauen,
blind im Selbstvertrauen.

Sauerei

Wenn so manche Sauerei
einfach mal von Dauer sei,
wäre es oft dreckig.
Kuchenteig macht schleckig.

Der Wille

Und da ist er wieder:
Der Wille.
In Stille
singt er die Lieder.

Kartenhaus

Du. Ich.
Klaro?
Herz, Stich.
Karo.

Im Gebiete

Es steigt hier im Gebiete
die Miete.
Niete.
Sie kniete.

Die Mango

Eine sichtbar reife Mango
tanzte voller Freude Tango.
Bis es machte cha, cha, cha.
Dann lag sie gewürfelt da.

Start-up

In dem Start-up Nossa Bova
tanzte jeder Bossa Nova,
bis der Boss den Stecker zog.
Abendzeit auf Wangerooge.

Auf der Matte

Zärtlich stand sie auf der Matte:
Eine starke Grobspanplatte.
Spanend, doch nicht spannend.
Milchkaffee mit Latte.

Büstenhalter

Einen roten Büstenhalter
fand der blaue Hausverwalter.
Nun hängt er am Baum.
Herr Saum.

Endlos

Endlos wie Naturgewalten
sind die tiefen Denkerfalten,
die des Denkers Hirn
zieren auf der Stirn.

Keynote-Speaker

Jeder freshe Keynote-Speaker
trägt bei seiner Keynote Sneaker.
Hemd und Bluse aus der Hose.
Freches Mundwerk heißt jetzt »lose«.

Unter einer Plastiktanne

Unter einer Plastiktanne
aß ich meine Nudelpfanne,
abgefüllt im Aluglanz.
Dampfend wild im Lichtertanz.

Der Träumer

Sucht der Träumer Trost im Trinken,
kann er nur noch tiefer sinken.
Statt zu schwenken manchen Tropfen,
sollte er am Leben klopfen.

Zellteilung

Als das alte Gaunerpärchen,
fast entkommen um ein Härchen,
wachte auf gemeinsam,
waren beide einsam.

Auf Regen

Auf Regen reimt sich Hegen.
Das würde mich aufregen,
wenn ich ein Gärtner wäre
mit stumpfer Heckenschere.

Halterlose

Das Nummernschild schon abmontiert,
so stehen sie, gepaart zu viert,
in einer Reihe rostig
des Frühlingsmorgens frostig.

Der Heinz

Da liegt der Heinz nun auf dem Tisch.
Zum Buch gedruckt wirkt so ein Wisch
vom Meister meistens meisterlich.
Gesprochen wird der Schelm zum Stich.

Nie bekifft

Ich war bis heute nie bekifft,
doch trägst du roten Lippenstift,
verlier ich mich im Blau
der gelben Sonne lau.

Zweiunddreißig Blatt

Zweiunddreißig Blatt
machen keinen satt.
Doch er schmeckt. Salat.
Welch ein leerer Rat.

Könntest du

Könntest du lesen,
was sie hier lesen.
Das wäre gewesen
ein großes Glück.

Mit Goethe

Was ich mit Goethe gemeinsam habe?
Die ewige Frage:
Schwul oder nicht?
Welch ein Gericht.

Selbstgemachtes Dressing

Meine Güte.
Auch aus der Tüte
bringt es nicht um.
Messer sind stumm.

Zwang

Wenn man sich zwingt,
ist das Zwang.
Und wenn man singt?
Gesang.

Wie zauberhaft

Wie zauberhaft der Vögel Klang.
Erklingt er, ist mir nicht mehr bang.
Doch gleichsam kann ich hören
Benziner, die mich stören.

Wenn der Tag

Wenn der Tag hat sich geneigt,
alles in die Betten steigt.
Schlafen ein und wachen auf.
Was kommt noch im Lebenslauf?

Hotte Chicks

Um paar hotte Chicks zu poppen,
fing er an die Beats zu droppen.
Das gelang dem Gangster gut.
Rückwärts trägt er nun den Hut.

Lieferwagen

Nach dem gelben Lieferwagen
hielt ich Ausschau schon seit Tagen.
Als ich mit dem Anwalt drohte,
kam er. Wer? Der Götterbote.

Kaltes Koffein

Kaltes Koffein zu schlürfen
wird man wohl noch machen dürfen.
Zuckerfrei ist zwar jetzt in,
out zu sein des Lebens Sinn.

Schon wieder

Da, schon wieder.
Deine Augenlider
zucken so zart.
Hart.

Geschirr

Bist du die Spüle,
weckt es Gefühle.
Bist du ein Hund,
lauf eine Rund.

Ausgesprochen attraktiv

Ausgesprochen attraktiv
tänzelst du vor dem Stativ.
Nicht in Lack, sondern im Kittel.
Glückwunsch, Schatz, zum Doktortitel.

Kurz Zeit

Wieder ist kurz Zeit
für ein Gedicht.
Nieder schreib ich, weit
komme ich nicht.

Die Amsel

Die Amsel sprach zum Stinktier: »Stink!«
Der Lahme sprach zum Lama: »Hink!«
Der Vögelnde sich lachte schlapp
und schoss den Vogel einfach ab.

Es leid

Ich bin es leid:
Du trägst ein Kleid,
ich ein Jackett.
Kühlung? Wäre nett.

Bad Kissingen

Beim Baden in Bad Kissingen,
da bat ich um den Kiss. Singen
war schöner, auch als Städtetrip.
Wer sucht den Rat, braucht keinen Tipp.

Affen

Die Affinität zu Affen,
sie im Zoo zu begaffen,
ist Banane.
Esst Bananen.

Urlaubsmorgen

Des Urlaubsmorgens Sonnenschein
lädt mich zur müden Wonne ein,
durchdringt wie ein Erdbeben:
Mein Privatleben?

Im Möbelhaus

Im großen, bunten Möbelhaus
sucht Möbel sich der Pöbel aus.
Er sucht und flucht, packt ein, baut auf.
Am Anfang steht der Schlussverkauf.

Satans Braten

Dass Satan kein Veganer war,
wird schon beim Satansbraten klar,
von dem, wie die Legende lehrte,
er immer vor dem Schlafen zehrte.

Inhalt

Gedichte, frei in der Form

Limericks

Vierzeiler

Über den Autor

Felix Bürkle

1994
Geboren in Ostfildern-Ruit bei Stuttgart

2013
Abitur in Leinfelden-Echterdingen

2014-2017
Studium der Musikwissenschaft und
Philosophie in Tübingen (Bachelor of Arts)

2017-2018
Ausbildung zum Texter
am KreativKader Stuttgart (Diplom)

2019
Veröffentlichung des ersten Gedichtbandes
»Angeschossene Eichhörnchen«

Beifall, Buhrufe und Businessanfragen dürfen
Sie mir gerne unter **kontakt@felix-buerkle.de**
zukommen lassen.